COME LEGGERE

Ragazzi di vita di PIER PAOLO PASOLINI

La collana è realizzata con la collaborazione di Mario Miccinesi

FRANCESCO MUZZIOLI

Come leggere
Ragazzi di vita
di
Pier Paolo Pasolini

MURSIA

I

PIER PAOLO PASOLINI

L'AMBIENTE

Nell'aprile 1955, Pasolini pubblicava presso l'editore Garzanti, il suo primo romanzo, col titolo di *Ragazzi di vita*. Se il testo aveva intenzioni provocatorie, esse non andarono assolutamente deluse: infatti fu perseguito non solo letterariamente, ma addirittura penalmente con un processo che, a noi lettori di oggi, appare tanto ingiusto quanto ingiustificato. Infatti quale pericolo poteva rappresentare per il potere un semplice romanzo, un agglomerato di parole, per quanto sporche o proibite queste parole fossero? Eppure quella stessa legge che era impegnata a stroncare e a reprimere le lotte dei contadini e degli operai, volte a turbare l'ordine economico costituito, quella stessa legge rivolse i suoi strali contro i *Ragazzi* di Pasolini, rei soltanto di non rispettare l'ordine del linguaggio. Non a caso questo esemplare rigurgito di conservatorismo si verificò negli anni in cui il degasperismo aveva subito una progressiva involuzione, fino alla « legge truffa » del '53, quando la maggioranza, mediante un particolare meccanismo elettorale, aveva cercato di assicurarsi una stabile supremazia parlamentare. Al fallimento di questo tentativo era seguita, l'anno dopo, la morte dello stesso De Gasperi, e l'avvicendamento alla guida del gabinetto di personaggi di lui indubbiamente meno dotati (con conseguente precarietà e instabilità dei governi).

Ora, questo stato di crisi e di incertezza era il sintomo di una situazione economica, che a livello strutturale andava evolvendosi, sotto le spinte sempre piú minacciose della lotta di classe. La parte dirigente avrebbe presto compreso che per conservarsi era necessario cambiare: ma è logico che, nei suoi strati piú retrivi, il potere borghese si rifiutasse alla improrogabile evoluzione, e si difendesse come un pugilatore stretto alle corde, cioè tirando colpi alla cieca. L'attacco al romanzo pasoliniano si giustifica allora con un momento esasperato di « caccia alle streghe »; esso fu uno di quei fantasmi reazionari che il capitale sguinzaglia ancor oggi in punti determinati del suo contrastato sviluppo. L'essere stato perseguito per vie legali non basta quindi a consacrare il romanzo con l'aureola del martirio: lasciamo allora alla burocrazia i suoi mandati di comparizione e interessiamoci invece, onde recepire il reale valore di *Ragazzi di vita*, della situazione culturale come si era andata configurando nel periodo di gestazione dell'opera di Pasolini.

Siamo agli inizi anni '50. L'eco degli entusiasmi della Resistenza non si è ancora spento e sopravvive ancora lo slancio etico-politico che aveva fatto balenare sia alle masse che agli intellettuali la speranza di un periodo di giustizia sociale e di unità popolare. Questa speranza si era però rivelata un'illusione. E sotto l'istintivo *engagement* di tanti scrittori che si erano accostati con ardore all'epopea resistenziale, venivano man mano emergendo gli equivoci sui quali il rapporto politica-letteratura era stato costruito. I nodi vennero al pettine con la polemica sul « Politecnico » tra Vittorini e Togliatti che ratificò il doloroso divorzio tra la direzione politica del movimento operaio e il gruppo di intellettuali piú vivace nell'impostare un discorso democratico-progressista rivolto alle masse.

Indubbiamente il periodo neo-realista, in modo eroico anche se spesso confuso, aveva gettato sul tappeto il nodo gordiano che era necessario risolvere: quello della politicizzazione dell'arte. Contro l'accademicità e le preziosità stilistiche che avevano costituito durante il ventennio nero una larvata copertura della repressione fascista, si era andati alla ricerca di una aderenza al reale e al concreto, anche a scapito delle squisitezze formali e dell'ineffabile sacralità dell'ispirazione artistica.

Tuttavia la cosidetta « andata al popolo », proprio perché si costituiva su un terreno teorico non sufficientemente approfondito, era caduta in grosse contraddizioni che ne affrettarono la crisi prima ancora che essa producesse frutti completamente maturi. La Resistenza stessa divenne presto un mito, l'avventura bella e felice in cui l'intellettuale (decadente e malato) aveva ritrovato la sana spontaneità di un vitale rapporto con le cose e con gli uomini. Nei casi migliori questa direzione portò al recupero dei moduli dell'epica popolare e segnatamente contadina. Nei peggiori invece significò il ritorno al verismo ottocentesco nei suoi risvolti piú sentimentalistici e retorici.

Inoltre l'assunzione della Resistenza come mito vitalistico ed epopea del popolo si scontrava ovviamente contro il fallimento politico culminato nel maggio '47 con l'esclusione delle sinistre dal governo. Incapaci di ragionare su « tempi lunghi » molti intellettuali considerarono traditi i loro ideali rivoluzionari. Cosí gli attacchi al burocratismo, se potevano essere per un verso giustificati, celavano il piú delle volte, un vero e proprio rifiuto della prassi. Ancora una volta lo scrittore sceglieva il ruolo di « rivoluzionario del cuore », di giudice morale che non accetta di sporcarsi le mani nel mondo economico, con i percorsi sotterranei della prassi quotidiana.

Dall'altro lato, neanche la posizione dei « politici » era esente da tatticismi o da scelte troppo meccaniche. Tuttavia, proprio agli inizi degli anni '50, si rispondeva all'isolamento con un grosso sforzo di approfondimento teorico riguardante sia la metodologia critica, sia le proposte fattuali di fabbricazione letteraria. Uno sforzo che, purtroppo, venne deviato dalle rigide contrapposizioni della « guerra fredda » in un uso strumentale e schematico di molte proposte. I cardini su cui si basò l'ipotesi marxista di quegli anni furono l'opera di Gramsci (pubblicata a partire dal '48) e quella del filosofo ungherese Lukács (i cui scritti letterari riguardanti il realismo vennero tradotti nel '50 e nel '53). Gli appunti di Gramsci servirono efficacemente a prendere le distanze dall'idealismo di Croce, e soprattutto dei crociani, che avevano ridotto la critica letteraria a una *pruderie* epidermica, a una pratica di sensibilità impressionista. Con Gramsci invece la letteratura veniva collocata al suo posto, come nodo di una complessa struttura sociale, ed emergevano di conseguenza i problemi dell'*organizzazione* e della lotta per l'*egemonia* da parte delle classi subalterne. Il concetto di « nazional-popolare » ebbe però un peso sproporzionato nelle teorizzazioni dei gramsciani: e contribuí, come se ce ne fosse stato bisogno, ad avallare il provincialismo della cultura italiana e la dogmatica preclusione verso qualsiasi tipo di avanguardia.

Ma accanto a Gramsci ebbero largo corso le idee di Lukács, che per essere piú sistematiche potevano essere utilizzate con maggiore facilità e immediatezza. Il richiamo alla tradizione del grande realismo ottocentesco permetteva di superare le strettoie dello ždanovismo, e di un impiego della letteratura in funzione meramente ancillare, apologetica e propagandistica. Contro gli scrittori che « suonavano il piffero alla rivoluzione », mettendo operai e contadini al posto dei precedenti eroi borghesi, Lukács ammoniva della necessità di un vasto e rigoroso quadro storico-sociale. La ricostruzione della realtà doveva rendere conto della *prospettiva* e della *tendenza* della realtà stessa, al di là quindi di ogni riproduzione passiva delle cose.

La lotta contro l'idealismo era portata avanti da altri studiosi (Luporini, Della Volpe, ecc.) che, richiamandosi alla tradizione illuminista, rivendicavano un completo uso della razionalità critica e dialettica. Molto minore influenza aveva invece in questo periodo la scuola tedesca facente capo ad Adorno, di cui nel 1954 vennero pubblicati i *Minima moralia*.

Ma, complessivamente, a questo lavoro teorico non corrisposero adeguati risultati nel campo della produzione letteraria; le stesse scelte operate dai critici marxisti risultarono insufficienti rispetto ai *desiderata*. Il frutto migliore del periodo neo-realista fu probabilmente *Le terre del sacramento*, di Francesco Jovine, uscito proprio agli inizi degli anni '50. Jovine, rifacendosi a Gramsci, era riuscito a evitare le arretratezze della letteratura meridionalistica, che soffocava in abusati schemi veristici e risorgimentali, ed era riuscito soprattutto a recuperare alcune forme epiche popolari, facendo funzionare il suo protagonista medio-borghese da mitico martire fecondatore della terra.

L'insufficienza delle realizzazioni pratiche denunciava l'arretratezza ideologica dei nostri scrittori i quali provenivano, chi piú chi meno, da esperienze moderate, o al massimo dal populismo del cosiddetto « fascismo di sinistra ». Lo stesso Pratolini, quando nel 1955 tentò con *Metello* l'affresco storico di vaste proporzioni, non seppe liberarsi dal suo quartiere natural-provinciale. In quella occasione i critici comunisti si trovarono divisi tra la lode e il biasimo nel collocare il romanzo pratoliniano dentro o fuori della famigerata area del decadentismo. In ogni modo era evidente l'esigenza di superare i vecchi schemi e di adoperare strumenti piú efficaci per controbattere l'avanzata della reazione culturale.

Infatti il riflusso della generazione dell'« impegno », emblematizzato dal suicidio di Pavese nel '50, e dal distacco di Vittorini dal Partito Comunista, apriva spazi a livello sovrastrutturale che i cattolici, pur monopolizzando il potere politico, non potevano riempire per l'incapacità di elaborare interventi di profonda penetrazione e di lungo respiro. Si trattò invece del ritorno, magari velato in panni progressisti e resistenziali, della eleganza formale e del patetismo estetizzante, favorito, questo ritorno, anche dal modo approssimativo con cui il neo-realismo (privilegiando i contenuti) aveva affrontato i problemi tecnici.

Anche se non si vuole parlare di neo-rondismo per Cassola, Bassani e Lampedusa (la stesura del *Gattopardo* è contemporanea alla uscita dei *Ragazzi* pasoliniani), bisogna convenire che in questi scrittori lo stile, il bello stile, torna a trasfigurare il testo in senso lirico ed etico. Negli anni antecedenti al '55, Cassola pubblica nell'ordine *Fausto e Anna* ('52), *I vecchi compagni* ('53), *Il taglio del bosco* ('54). Come in seguito il suo sentimentalismo arriverà a una vera e propria repulsione dell'atto sessuale, cosí la posizione politica cassoliana, pur con grosse oscillazioni, si basa sul rifiuto della violenza, e piú in generale sul rifiuto di tutto ciò che turba il patetico « io » privato dell'autore. Perciò Cassola, mentre reagiva alla retorica « dei grandi fatti » rinchiudendo le sue protagoniste femminili in una sfera minore, cadeva in una forma di retorica ancor piú ideologicamente datata proprio perché quell'interiorità inviolabile e ineffabile trascendeva il semplice ambito del quotidiano. Ed era lo spiraglio per riagguantare la *vita* autentica e naturale. Tuttavia nelle opere di questo periodo, anche il tandem Cassola-Bassani (sia lecito per brevità citarli congiuntamente) si adatta a fare i conti con le realtà storico-politiche del recente passato (vedere so-

prattutto *I vecchi compagni* cassoliani e *Gli ultimi anni di
Clelia Trotti* per Bassani). Ma la ruvida prosaicità di quell'esperienza veniva subito purificata con un bagno sbiancante di idillio, ed anestetizzata nel limbo dei buoni sentimenti poetici.

Ma ormai le distinzioni moralistiche andavano perdendo terreno di fronte all'avanzare di un mostro orrendo che si inghiottiva l'uno dopo l'altro i pallidi paladini dell'Ideale per altro assai propensi a soccombere. Fuor di metafora, la crescente industrializzazione del paese faceva anche della cultura un'industria (la cosiddetta industria culturale) produttrice sia del consenso che del dissenso, dell'evasione come dell'impegno, i quali poi entrambi capitalizzare nell'onnivoro consumo. Su questo terreno occorreva quindi sviluppare un antagonismo molto piú astuto e sotterraneo.

Nella ricerca di una mediazione attenta e duttile che consentisse una opposizione efficace, si segnalava Italo Calvino, scrittore già formatosi nel clima della battaglia antifascista. Calvino si rendeva conto che la condizione dell'intellettuale moderno è estremamente ambigua e paradossale: una duplicità che egli rappresentava nella trasparente allegoria del suo romanzo del '52, *Il visconte dimezzato*. L'« intelligenza del negativo » lo conduceva verso strutture narrative piú articolate: la fantasia diventava parabola, e la razionalità si protendeva verso l'utopia, rifiutando di fermarsi al mero *dato* dell'esistente. La « morale » della favola e il messaggio dell'autore venivano nascosti tra le pieghe della scrittura, come nei libri dell'antica sapienza.

Ma se Calvino non rinuncia mai (illuministicamente) alla lucidità della ragione, in altri esperimenti si cerca di scavalcare in blocco la logica del sistema. Ad esempio nel Lucentini de *I compagni sconosciuti* ('51), che giustamente viene considerato il precursore degli sperimentali degli anni '60. Lucentini provoca una regressione del protagonista della sua storia, attraverso una menomazione sia fisica che psichica: ottiene cosí un linguaggio « abbassato » a livello di parlato infantile, con la grammatica scorretta, la sintassi ridotta a schema ripetitivo, e per giunta reiterati inserti di incomprensibili lingue straniere. Un linguaggio determinato da brutali bisogni fisici che si pone come rifiuto e caricatura del mondo produttivo. Il discorso di

Lucentini verrà sviluppato poi dalle neo-avanguardie che in questi anni lavorano ancora nascostamente: tra il '51 e il '54 Sanguineti (precocissimo) sta scrivendo il suo sconvolgente *Laborintus*, che però pubblicherà soltanto nel '56. In quell'anno con l'uscita della rivista di Anceschi, « Il Verri », comincerà a prendere vita un vero e proprio movimento.

Intanto una ipotesi letteraria di valore europeo era portata avanti da due anziani, da sempre irregolari nella nostra cultura: Landolfi e Gadda. Landolfi, procedendo nella sua originale acquisizione del surrealismo e di Kafka, pubblica nel '52 *La bière du pecheur*, ambiguo fin nell'interpretazione del titolo (la bara del peccatore? oppure la birra del pescatore? o viceversa...).

Gadda, in questo periodo è costretto, per motivi di sopravvivenza, a lavorare alla RAI, al Terzo Programma radiofonico, ma ciò non gli impedisce, intanto, di far uscire le *Novelle del ducato in fiamme* ('53) che riceveranno tra l'altro una attenta recensione dallo stesso Pasolini. Secondo Gadda (che già lo aveva dichiarato in un vecchio, insuperato saggio su « Solaria »), la lingua non offre allo scrittore uno stile univoco con cui esprimere se stesso e/o il mondo: la lingua è storia, e come tale attraversata da un'intricata, dialettica contraddizione. I livelli su cui si dispone la realtà linguistica e con cui bisogna fare i conti, formano, grosso modo, un triangolo ai cui vertici troviamo: la lingua aulica del *tractatus* filosofico (cioè la nobiltà della tradizione); i termini tecnici dell'industria crescente (cioè la specializzazione); i vari dialetti che testimoniano l'esistenza di ghetti separati e sottosviluppati. Tuttavia il valore della « contaminazione » gaddiana sta nel modo con cui questi livelli vengono combinati nel testo. Si possono seguire (ancora schematicamente) tre movimenti: la moltiplicazione degli schermi stilistici che denuncia appunto la funzione mistificatoria e falsificante degli apparati culturali nei confronti della realtà, come enormi paraventi di cartapesta; l'evasione nella purezza del lirismo e dei buoni sentimenti che scivola nel piano basso e diabolico della mera fisiologia, dello sporco e degli escrementi; la ricerca di rapporti tra gli eventi e tra le parole che porta a una ricostruzione *per gemmazione*, un viaggio-gioco di scatole cinesi che, attraverso l'alternarsi di metonimia e metafora, conduce spesso ben al di là del « tema » volenterosamente intrapreso. In ciò Gadda non si limita ad accostarsi agli sperimentatori europei (Joyce, Céline), ma raggiunge una posizione tutta sua nel seno della grande avanguardia storica del Novecento.

Infine, altri intellettuali si sentirono attratti dai piú evidenti fenomeni sociologici determinatisi in questi anni, come l'inurbamento di larghe masse contadine richiamate dall'industrializzazione avanzante col miraggio di una vita migliore. Da ciò la formazione di masse sempre piú grandi di sottoproletari, sopravviventi in miserabili condizioni negli agglomerati di baracche delle borgate. Insomma c'era qui la prova che il progresso proclamato dai ceti dirigenti borghesi non poteva evitare di produrre un nuovo tipo di sottosviluppo e condizioni inumane di vita: e si apriva quindi un nuovo spazio alla denuncia e alla protesta degli scrittori.

Come vedremo, proprio Pasolini (e in una diversa zona Testori) darà espressione a questo inferno, emarginato sia logisticamente che linguisticamente. Ma dal punto di vista tematico se ne trovano le prime avvisaglie già nei *Racconti romani*, che Alberto Moravia, lo scrittore italiano piú attento a tutti i mutamenti e le trasformazioni, pubblica nel '54. Tuttavia, se pure già troviamo qui il mondo delle baracche, della miseria, nonché gli squallidi paesaggi della riva del Tevere, questi non costituiscono che lo sfondo occasionale su cui si determina il meccanismo a sorpresa della novella.

Da tutti i sintomi sommariamente elencati, appare evidente che verso l'anno '55 si vanno concentrando molti nodi importanti nella storia della nostra letteratura recente. Che ci sia a questo punto un'ansia di aggiornamento e di revisione risulta chiaro dal sorgere, quasi contemporaneo, di riviste quanto mai stimolanti. « Nuova corrente » nasce nel '54; nel '55 è la volta di « Ragionamenti » e di « Officina », che condotta proprio da Pasolini, in collaborazione con Leonetti e Roversi, costituirà la sede piú viva di discussione dei rapporti tra politica e cultura. Infine nel '56, come già avevamo accennato, inizia le pubblicazioni « Il Verri » di Anceschi, che terrà a balia i primi acuti vagiti delle neo-avanguardie italiane. D'altronde il '56 è un vero e proprio spartiacque dal punto di vista politico e ideologico (col XX congresso del PCUS e i fatti di Ungheria).

Dunque l'anno in cui Pasolini dà alla luce (o meglio alle stampe) i *Ragazzi di vita* è un po' un anno-limite, in cui una certa tradizione letteraria gioca le sue ultime carte, e in cui si comincia a intravedere lontano e oscuro, ma affascinante, un orizzonte nuovo.

LA VITA

Pier Paolo Pasolini nasce a Bologna il 5 marzo del 1922. Suo padre è un tenente di fanteria originario di un'antica famiglia di Ravenna di cui ha ormai sperperato il patrimonio: è orgoglioso e possessivo e in sostanza di idee conformiste. La madre, friulana di Casarsa, è al contrario ingenuamente religiosa e mitemente affettuosa. Fino dai primi anni si sviluppa nel piccolo Pasolini una conflittualità che è fin troppo facile riportare al classico modello edipico, e che a poco a poco andrà riempiendosi anche di contenuti ideologici. Seguendo i trasferimenti cui il Regio Esercito sottopone il padre, la famiglia intanto si sposta, prima a Parma, poi a Conegliano; è a Belluno nel 1925, quando nasce il fratello Guido. Di questo periodo, Pasolini scriverà piú tardi:

> « In quel periodo andavo ancora d'accordo con mio padre, credo. Ero eccezionalmente capriccioso, cioè nevrotico, presumibilmente, ma buono. Verso mia madre (incinta, ma non lo ricordo) ero nello stato d'animo di tutta la vita, un disperato amore ».[1]

Attraverso la madre, il bambino entra nel magico mondo della poesia e della sua tecnica: sotto la guida materna a sette anni (è a Sacile) compone il suo primo sonetto. Segue poi, dopo un'altra tappa a Cremona, il periodo degli studi scolastici, il ginnasio a Reggio Emilia, il liceo a Bologna al « Galvani », e infine l'Università, ancora a Bologna. Ma siamo già alla vigilia della guerra e la cultura ufficiale non è certo in grado di soddisfare le aspirazioni e

[1] P. P. Pasolini, *Empirismo eretico*, Milano, Garzanti 1972, p. 72.

gli interrogativi dei giovani. È ancora Pasolini che dichiara,
in una intervista alla « Fiera letteraria »:

> « La mia formazione è stata estremamente disordi-
> nata. Ho fatto l'Università durante la guerra, un'U-
> niversità mediocre e fascista. Devo eccettuare la
> figura di Longhi che è stata in quegli anni a Bo-
> logna di grande importanza per me e per molti miei
> coetanei o piú anziani di me [...] ».[2]

Tra questi compagni di studi Pasolini contrae amicizie
che saranno assai importanti nel proseguimento del suo
lavoro culturale: conosce tra gli altri Roversi e Leonetti,
di poco piú giovani, che diverranno suoi collaboratori piú
tardi, negli anni '50, nelle proposte di « Officina ».

Intanto escono, nel 1942, a spese dell'autore, le *Poesie
a Casarsa*, scritte in dialetto friulano, a significare un pe-
rentorio distacco dal sopramondo di sensibilità aristocrati-
ca della poesia tradizionale, nonché una protesta contro il
centralismo nazionalistico del regime. Il libro è accolto
da una recensione di Gianfranco Contini sul « Corriere di
Lugano », che provoca l'entusiasmo del giovane poeta.

Ma questo fervore di iniziative si smorza sommerso dalla drammaticità della storia: c'è la guerra, il padre è pri-
gioniero in Kenia. L'8 settembre trova Pasolini sotto le ar-
mi a Livorno, di dove fugge per nascondersi presso la madre a Casarsa. È un periodo ambiguo in cui, se il poeta
continua a comporre felicemente sotto lo stimolo del mondo agricolo-materno, riceve però il segno scottante di gra-
vi lutti familiari, la morte della nonna, e quella, determi-
nante, del fratello che era partito come partigiano comunista: da questo episodio prenderà forma la figura, sempre ritornante nel mondo poetico pasoliniano, del « morto
giovinetto ».

Finisce la guerra e il padre raggiunge la famiglia, sfolla-
ta a Casarsa, ma dalla quale ormai è diviso da una feroce incomprensione. Pasolini, che nel frattempo si è lau-
reato in lettere con una tesi su Pascoli, si dedica ora fat-
tivamente alla costituzione di un gruppo di lavoro sulla
lingua e la cultura friulana: esiti di questo impegno saranno gli *Stroligut di ca' de l'aga* (Stregone di qua dell'acqua)

---

[2] « La Fiera letteraria », n. 26, 30 giugno 1957.

e la fondazione, il 18 febbraio 1945, della « Academiuta de lenga furlana ». L'operazione del gruppo ispirato da Pasolini non vuole essere soltanto letteraria e linguistica, ma assume anche valore propriamente politico fino a richiedere l'autonomia della regione.

Ma a determinare la decisa e definitiva svolta politica dello scrittore saranno, pochi anni piú tardi, le lotte dei braccianti contro i latifondisti, che ispirano il primo romanzo pasoliniano, *I giorni del lodo De Gasperi* (pubblicato successivamente, nel 1962, col titolo *Il sogno di una cosa*). Questo passaggio da una sorta di religione miticoarcaica ai valori storici del socialismo è emblematicamente rappresentato nell'ultima sezione de *L'usignolo della Chiesa cattolica* (1958: raccoglie la produzione '43-'49) che s'intitola appunto *La scoperta di Marx*.

1949: Pasolini viene a Roma con la madre. Inizia cosí il periodo che piú ci interessa per la composizione del romanzo di cui ci stiamo occupando, quello che un critico definirà di « incontro-scontro con le borgate romane ». Sulle prime, la vita dello scrittore nella capitale è oltremodo precaria: prende casa a piazza Costaguti, al Portico d'Ottavia, ma poi, e nel frattempo il padre ha di nuovo raggiunto la famiglia rendendo sempre piú insostenibile il suo disagio psicologico, poi, dicevo, si trasferisce in borgata, a Ponte Mammolo, vicino al carcere di Rebibbia, in una casa molto povera (tredicimila lire di affitto). « Per due anni » commenta Pasolini « fui un disoccupato disperato ». Finalmente, aiutato da un amico, trova un modesto impiego di insegnante in una scuola di Ciampino: ma intanto l'esperienza della povertà e della sregolatezza conseguente ha lasciato il segno nella sua maturazione ideologica e narrativa. Infatti fin dal 1950 scrive le prime pagine del romanzo che avrà per titolo *Ragazzi di vita*. Ora la sua poetica si esercita su un orizzonte profondamente mutato: egli dirà che

« Roma nella mia narrativa ha quella fondamentale importanza [...] in quanto *violento trauma e violenta carica di vitalità*, cioè esperienza di un mondo e quindi in un certo senso *del* mondo. Nella narrativa Roma è stata la protagonista diretta non solo come oggetto di descrizione o di analisi, ma proprio come spinta, come dinamica, come necessità testimoniale ».[3]

Grazie al suo amico Bassani entra nel mondo del cinema e comincia a collaborare come sceneggiatore in alcuni film. Adesso può trasferirsi a Monteverde, a via Fonteiana. Nel 1955 escono i *Ragazzi di vita*, provocando una vasta eco e reazioni contrastanti: da un lato il processo per oscenità, dall'altro il conferimento del « Premio città di Parma ». Due anni piú tardi la raccolta di poesie *Le ceneri di Gramsci*, che rappresenta la stessa temperie ideologica del romanzo, vincerà il « Premio Viareggio ». Muore nel frattempo il padre ed è, quasi, la fine di un incubo:

> « Non si voleva curare, in nome della sua vita retorica. Non ci dava ascolto, a me e a mia madre, perché ci disprezzava. Una notte tornai a casa, appena in tempo per vederlo morire ».[4]

Nel lasso di tempo che intercorre tra il secondo e il terzo romanzo *Una vita violenta* (1959: in cui piú si avvicina ai canoni del « realismo socialista »), si svolge anche il lavoro di « Officina ». Questa rivista, a cui collaborarono oltre a Pasolini, Roversi, Leonetti, Scalia, Romanò e Fortini, segna un'importantissima presa di coscienza delle contraddizioni del neorealismo e dell'ermetismo e delle necessità di aggiornamento della posizione culturale marxista nonché di una revisione dei rapporti tra vita e letteratura fino a questo momento posti in termini o mistificatori o meccanici. Il discorso della rivista è bloccato nel 1959 a causa dell'epigramma pasoliniano contro Pio XII. Per documentare la posizione di Pasolini all'interno del gruppo di « Officina » restano soprattutto i saggi raccolti in *Passione e ideologia* (1960) e le poesie de *La religione del mio tempo* (1961).

Negli anni '60, tuttavia, il panorama culturale risulta fortemente modificato. Il sorgere della contestazione delle Avanguardie, che fa di Pasolini uno dei principali bersagli, attaccandone il pascolismo poetico e il naturalismo narrativo, costringe il nostro scrittore sulla difensiva. Ma in-

³ « La Fiera letteraria », *cit.*
⁴ P. P. Pasolini, *Ritratti su misura*, Venezia, Sodalizio del Libro, 1960, p. 321.

tanto, in questo momento di affermazione di un nuovo capitalismo, Pasolini sembra scoprire un mezzo espressivo piú confacente al suo discorso e piú immediatamente vicino alla realtà della vita ed al linguaggio parlato: il cinematografo. L'esperienza cinematografica si svolge quasi ininterrottamente dal 1961 ad oggi attraverso una serie di grossi successi: *Accattone* (1961); *Mamma Roma* (1962); *La ricotta* (in *Rogopag*) (1962-63); *Il Vangelo secondo Matteo* (1964); *Uccellacci e uccellini* (1966); *Edipo re* (1967); *Teorema* (1968); *Porcile* (1969); *Medea* (1970); *Decameron* (1971); *I racconti di Canterbury* (1972); *Il fiore delle Mille e una notte* (1973).

Ma se lo specifico filmico rimane oggi il campo della sua prevalente attività, Pasolini non ha per questo abbandonato la poesia, la prosa, il teatro, la saggistica e perfino la politica, in cui continua a intervenire con un suo atteggiamento eretico e scandaloso (non a caso *Empirismo eretico* si intitola una delle sue raccolte di saggi, del 1972). L'ideologia pasoliniana si è in un primo tempo evoluta verso il « terzomondismo » (*Poesia in forma di rosa* - 1964; *Alí dagli occhi azzurri* - 1965), come prosecuzione del mito agricolo del Friuli e del mito sottoproletario delle borgate. Poi, caduta quest'ultima forma di speranza, l'opera pasoliniana ha documentato spietatamente una situazione di crisi e di sfiducia nelle possibilità rivoluzionarie, come dimostrano anche i recenti interventi sul « neo-edonismo » dei giovani, senza tuttavia rinunciare ad essere uno stimolo morale e un contrappunto interlocutorio nei confronti delle ideologie del movimento operaio.

Infine dal 1966, l'impegno culturale di Pasolini si realizza altresí attraverso la rivista « Nuovi Argomenti », che egli dirige insieme a Moravia e a Siciliano.

II

RAGAZZI DI VITA

Come abbiamo già avuto modo di accennare, Pier Paolo Pasolini comincia a lavorare ai *Ragazzi di vita* quasi subito dopo il suo arrivo a Roma. I primi appunti e studi sull'ambiente popolare, che costituiscono l'abbozzo preparatorio al piú largo respiro della vicenda romanzesca, saranno pubblicati solo molto piú tardi, nella parte iniziale del volume *Alí dagli occhi azzurri*.

Intendiamo riferirci in special modo a *Squarci di notti romane* ('50), *Notte sull'ES* ('51), *Studi sulla vita del Testaccio* ('51), *Appunti per un poema popolare* ('51-'52), e infine *Dal vero* ('53-'54). Questi brani furono scritti «a caldo», sotto l'influenza di quello «incontro-scontro» con la realtà sociale e umana della capitale che ha costituito per Pasolini un vero e proprio «trauma»: cosí l'ambientazione, che troveremo poi preponderante in *Ragazzi di vita*, è già presente qui, con tinte, se possibile, ancor piú drammatiche e sconvolte. Roma appare come un incorrotto serbatoio di bellezza e di vitalità primigenia, e il suo linguaggio, cioè il dialetto, come una lama capace di penetrare istintivamente nel cuore della realtà; di essere perciò «l'ultimo grido della sensualità».[1] Man mano, dal brulichío anonimo delle notti romane, si staccano dei volti maggiormente caratterizzati, che fanno da guida al poeta nell'interno di questo nuovo paradiso-inferno. Troviamo allo-

---

[1] P. P. Pasolini, *Alí dagli occhi azzurri*, Milano, Garzanti 1965, p. 8.

ra alcuni personaggi, alcuni luoghi, alcune situazioni addirittura che ritorneranno poi nel romanzo: cosí il galleggiante del Ciriola con i ragazzini che si tuffano, il personaggio di Amerigo, « meglio guappo » di Pietralata, l'episodio della poltrona trasportata sul carrettino, ecc.

Tuttavia se scorriamo in ordine cronologico gli abbozzi compresi in *Alí dagli occhi azzurri*, ci accorgiamo che il *modo* della prosa pasoliniana si è andato evolvendo in alcune direzioni ben precise. Nei primi brani, infatti, la figura del narratore è presente come personaggio e, pur restando la narrazione in terza persona, tutta la vicenda viene filtrata attraverso il suo occhio infervorato. L'autore si nasconde di volta in volta dietro nomi di scrittori francesi, scelti tra quelli piú « maledetti »: Villon, Proust, Lautréamont. Oppure direttamente dietro il termine francese di « Je » (cioè l'« io »). A un certo punto ci regala perfino la definizione della sua funzione narrativa:

> « Il romanziere. Questo sfiatatoio, questo tubo di scarico, questo apparecchio ricevente e trasmittente attraverso al quale la Roma innominabile trova una via di espressione ».[2]

È chiaro che, col poeta stesso sulla scena, si ha un maggior peso della mediazione culturale e di una certa morbosità decadente. Tuttavia, avvicinandosi alla stesura del romanzo, lo spazio occupato dal Pasolini-Je si va restringendo fino a scomparire del tutto nell'ultimo abbozzo, intitolato *Dal vero*, ove nel titolo è già enunciata una volontà programmatica di obiettività assoluta. Qui i « ragazzi di vita » vengono lasciati soli dal loro scopritore. Del pari si restringe lo spazio della trasfigurazione lirico-descrittiva, il cui posto viene preso in gran parte dal dialogo, con il quale i personaggi esibiscono la loro interiorità, non piú filtrata attraverso la lente interpretante dell'autore. Che poi questo filtro permanga, anche se spostato ad altri livelli, sarà un problema di cui ci occuperemo successivamente, in sede di commento.

Intanto vogliamo accennare a un'altra direzione importante nella evoluzione del Pasolini di questi anni: infatti nei primi studi egli subisce il fascino della plebe trasteve-

    [2] *Ibid.*, p. 12.

rina, cinica e beffarda, pigramente intorpidita, ma pronta a scattare nel delitto (e c'è il tramite importante del mondo poetico del Belli). Ben presto però si accorge che questo *mito* si è allontanato ormai dal « centro » trasteverino per depositarsi lungo la fascia delle borgate, in cui i caratteri peculiarmente « romani » si sono mescolati con quelli dell'emigrazione, in un insieme colorito quasi zingaresco:

> « Nelle borgate si conserva il clima che doveva esserci in Trastevere 30 o 40 anni fa ».[3]

Cosí individuato l'orizzonte su cui adattare il suo periscopio, Pasolini può procedere alla preparazione del romanzo: due capitoli, però, saranno pubblicati in anteprima sulla rivista « Paragone ». Siccome, rispetto a questa prima stesura, i capitoli, che sono il primo (*Il Ferrobedò* su « Paragone », giugno 1951) e il quarto (*Regazzi de vita* su « Paragone », ottobre 1953), hanno subíto alcune varianti e rielaborazioni, sarà interessante ancora soffermarci sul lavoro di rifinitura operato da Pasolini prima della edizione definitiva. Il capitolo del '51 presenta parecchi cambiamenti: intanto il protagonista non è contrassegnato da un soprannome (il Riccetto), ma da un nome proprio, anche se tronco alla moda romanesca (Lucià). Inoltre la trascrizione del dialetto appare meno accurata. Il lessico verrà modificato nel senso di una maggiore inserzione dei termini dialettali (per esempio « prescia » al posto di « fretta », ecc.). La stesura definitiva si arricchisce poi di particolari descrittivi che danno maggiore ampiezza e respiro alla sintassi del periodo.

Il capitolo del '53 è logicamente invece molto simile alla versione definitiva e le varianti lessicali sono semanticamente irrilevanti. Rimane, nel testo di « Paragone », una certa auto-censura che elimina alcune parolacce, o usa eufemismi al posto di altre che verranno inserite nel romanzo concluso, con le caratteristiche abbreviazioni munite di puntini. Tuttavia se la forma è ormai quella definitiva, alcuni indizi ci dimostrano che Pasolini non ha ancora chiaro (nel '53) l'intero sviluppo della vicenda: quando il Riccetto si incontra col Lenzetta (che qui si chiama piú affettuosamente Palletta) fa allusione a un precedente furto che invece nel romanzo verrà effettuato nell'episodio successivo.

Ciò aiuta ancora a chiarire la genesi assai complessa di *Ragazzi di vita*, elaborato inizialmente con l'emersione di nuclei tematici e di impressioni, poi di episodi-chiave, attorno ai quali è stata in seguito costruita l'impalcatura completa del romanzo. Tale tortuoso cammino di lavorazione ha reso analogamente complessa e intricata la struttura narrativa fino al punto che molti critici hanno affermato che non di romanzo in senso proprio si debba parlare, ma piuttosto di una serie di racconti a sé stanti. Definizione proposta non solo da coloro che tendevano a *ridurre* la portata della operazione pasoliniana, ma anche da critici « a favore » come Franco Fortini.[4] Una variante di questo atteggiamento è stata assunta da Asor Rosa, quando ha fatto menzione di una « forma saggistica », anch'essa quindi sostanzialmente non narrativa.[5] In realtà l'intreccio si presenta, come vedremo, assai complicato e indubbiamente non lineare né univoco: si potrà parlare allora di una struttura « ad episodi » (o, come ha detto Dallamano, di « una serie di storie parallele »)[6], i quali però vengono collegati fra loro e costruiti all'interno con procedimenti spiccatamente romanzeschi. Se la sostanza dell'operazione fosse semplicemente saggistica, avremmo un quadro bloccato, una descrizione statica: ma Pasolini provvede al *movimento* del suo mondo tagliato fuori della coscienza storica, con un elementare artifizio che dà il via all'azione, e la riporta regolarmente, al termine dell'episodio, al punto di partenza. È l'altalena tra appropriazione e perdita del denaro, in cui i personaggi vengono sospinti dagli istinti primari (la fame, il sesso) e in cui esercitano le loro capacità di furbizia e di crudeltà, salvo poi, al contrario, mostrare la loro faccia sprovveduta e ingenua quando il denaro, ricavato dal furto o dal vizio, viene sottratto da altri, più agguerriti, concorrenti alla lotta per la vita.

Questo schema si ripete, sotto forme diverse, in tutti i

[4] F. Fortini, *Tre narratori*, in « Comunità », giugno 1955.
[5] A. Asor Rosa, *Scrittori e popolo*, Roma, Samonà e Savelli, 1964, p. 510.
[6] P. Dallamano, *Ragazzi in romanesco*, in « Paese Sera », 10 giugno 1955.

capitoli. Proprio per romperne la monotonia, Pasolini inserisce un'altra molla di azione: le tragedie e le sciagure che dall'esterno (vero e proprio *deus ex machina*) colpiscono i personaggi. Questi drammi improvvisi risultano assolutamente immotivati, almeno al livello di consapevolezza dei personaggi stessi: servono però in modo adeguato a provocarne lo spostamento logistico, nonché a variare la composizione del *cast* facendo scomparire di volta in volta (con l'arresto di polizia, o addirittura con la morte) alcune figure, e consentendo l'introduzione di nuovi elementi. La stessa fine della vicenda è realizzata con l'ausilio di una disavventura fatale di cui sarà vittima il piccolo Genesio (vedremo poi come questa tragicità sia da interpretarsi ideologicamente).

Un altro procedimento romanzesco largamente utilizzato, è quello di riempire i vuoti rimasti tra un episodio e l'altro, mediante dei ritorni temporali, dei *flash-back*, che spiegano la nuova situazione e la ricollegano alla situazione precedente: può essere direttamente l'autore a fornire questi dati mancanti, oppure può farlo per bocca dei personaggi. Gli inserti servono soprattutto per introdurre i nuovi personaggi, di cui viene fatta un po' la sommaria biografia. Un esempio fra tanti:

> « Con Ernesto e un certo Franco, ch'era pure lí, chiamato il Penna Bianca, si conoscevano ch'erano creature e quando Tiburtino e Pietralata erano ancora in mezzo alla campagna proprio, coi lotti nuovi e il Forte appena costruito. Di tanto in tanto, non avevano nemmeno ott'anni, se ne andavano di casa, e se ne stavano fuori per qualche settimana, digiunando o mangiandosi qualche cipolla o qualche persica fregata ai mercatini, oppure un po' di cotiche sfilate dalla borsa di qualche comare ».[7]

Piú spesso questi inserti e didascalie servono a un breve compendio degli avvenimenti accaduti negli ampi intervalli tra un episodio e l'altro. Per esempio il periodo di tre anni che intercorre tra il quinto e il sesto capitolo (periodo

---

[7] P. P. Pasolini, *Ragazzi di vita*, Milano, Garzanti, 1955, p. 88. (Riferimenti a citazioni successive saranno incorporati nel testo.)

che i « ragazzi » trascorrono carcerati) ci viene comunicato quasi incidentalmente, cosí:

> « "Mo se famo er bagno" disse con viso soddisfat-
> to il Caciotta, che in quei tre annetti s'era ingras-
> sato » (p. 172).

In realtà, se si trattasse di racconti staccati non ci sarebbe bisogno di tanti espedienti per riannodare le fila della vicenda e per restituire nella sua interezza lo svolgi-
mento del tempo reale. A confermare l'attribuzione al genere « romanzo » (esplicita, tra l'altro, sulla copertina
stessa del libro), citeremo anche il capitolo conclusivo dove in sostanza tutti i nodi vengono al pettine, per cosí dire, e tutti i personaggi e le situazioni dei precedenti episodi tornano sulla pagina per un consuntivo e per una
sorta di bilancio morale e ideologico.

Dunque, se di vero e proprio romanzo si tratta, magari
non facilmente riconoscibile perché diverso dal modello
tradizionale, bisognerà allora parlare dei suoi protagonisti e personaggi. Ma prima ancora dei caratteri individuali, ci pare che Pasolini abbia voluto esprimere dei caratteri generali, antropologici, e addirittura il carattere di
un'intera città, cioè appunto di quella Roma « pre-cattoli-
ca, di mentalità epicurea e stoica » di cui ci parla in una
intervista.[8] La scoperta di questa metropoli contraddittoria, sede della piú alta autorità morale (il Papato) e nello
stesso tempo abbandonata alle piú losche speculazioni politiche ed economiche, e nella quale il poeta ha veduto di
persona i luoghi piú degradanti dell'esistenza, viene media-
ta in un primo tempo dal mito belliano, come abbiamo
detto, della malavita spavalda e, a suo modo, leale. Ben
presto Pasolini si accorge che questa gioventú scettica e
passionale, sempre pronta all'esibizionismo esteriore e a
un'allegra e disincantata filosofia, questo « aristocratico
sottoproletariato romano » è stato respinto, emarginato dallo sviluppo economico e segnatamente urbanistico, è stato
ricacciato alla periferia, nella squallida e miserabile fascia
delle borgate, che, come un anello, stringe minacciosa-
mente d'assedio il centro del potere borghese. L'esibizione
di questa realtà penosa, di queste condizioni di vita subu-

[8] J. Duflot, *Entretiens avec P. P. Pasolini*, Paris, Belfond 1970, p. 48.

mane, suonano naturalmente di condanna e di rampogna nei confronti della società e dei suoi governanti responsabili. Tuttavia c'è qualcosa di piú: l'immagine della barbarie che incombe sulle realizzazioni della civiltà (potremmo usare altre antitesi come passione-ragione, inconscio-coscienza, altrettanto pasoliniane) ci fa pensare a una grande dinastia decrepita, accerchiata da torme « beduine » e selvagge. Ma Pasolini salvaguarda la concretezza del suo mito con la sovrabbondanza e la precisione delle precisazioni toponomastiche:

> « Tutto un gran accerchiamento intorno a Roma, tra Roma e le campagne intorno intorno, con centinaia di migliaia di vite umane che brulicavano tra i loro lotti, le loro casette di sfrattati o i loro grattacieli. E tutta quella vita, non c'era solo nelle borgate della periferia, ma pure dentro Roma, nel centro della città, magari sotto il Cupolone: sí, proprio sotto il Cupolone, che bastava mettere il naso fuori dal colonnato di Piazza San Pietro, verso Porta Cavalleggeri, e èccheli llí, a gridare, a prender d'aceto, a sfottere, in bande e in ghenghe intorno ai cinemetti, alle pizzerie, sparpagliati poco piú in là, in via del Gelsomino, in via della Cava, sugli spiazzi di terra battuta delimitata dai mucchi di rifiuti dove i ragazzini di giorno giocano a palla, in coppie tra le fratte coperte di pezzi di giornale abbandonati tra via delle Fornaci e il Gianicolo... » (p. 213).

Il centro della città è una specie di terra di conquista e di saccheggio, di favoloso Eldorado, in cui i « ragazzi di vita » si avventurano, sempre in gruppo per essere piú forti, alla ricerca del denaro e dell'avventura: ma è un luogo in sostanza a loro estraneo e che individualmente li intimidisce. Di fatti dopo il vagabondaggio allegro e feroce, fanno ritorno invariabilmente nel loro dominio, nella borgata dove vivono regole e autorità a loro organiche, e dove vige l'antico codice d'onore.

Fino a questo punto, però, abbiamo parlato dello sfondo e dell'ambiente piú che dei soggetti che compiono le azioni, ma questo proprio perché in fondo i personaggi servono a Pasolini piú che altro come strumenti per spostare il suo obiettivo su sempre nuovi aspetti di questa contraddittoria collettività. Ciò non toglie tuttavia che il romanzo possieda un protagonista che funge da filo conduttore, con la sua presenza in tutti gli episodi: alludiamo naturalmente al Riccetto, al quale l'autore conferisce anche una, seppur limitata, evoluzione interiore, una specie di presa di coscienza, se così vogliamo chiamarla. In questo caso non si tratta ancora della specifica crescita fino alla fede comunista che compie il Tommasino Puzzilli di *Una vita violenta*, successivo romanzo di Pasolini. Però non si può negare che, nel corso del quinto capitolo, il personaggio del Riccetto cambi fisionomia e inizi una sua corsa verso l'integrazione nel mondo del lavoro e della ipocrisia piccolo-borghese, a partire dall'assunzione di valori e di modelli di comportamento artefatti (il fidanzamento, il vestito nuovo, ecc.).

Guarda caso, proprio quando il Riccetto trova una sorta di sistemazione e adattamento nel contesto sociale, automaticamente perde la funzione di preminenza che aveva nel tessuto del racconto: viene respinto sullo sfondo, con apparizioni sempre piú sporadiche e di raccordo, nei successivi episodi. Lo stesso atteggiamento del narratore nei suoi confronti, da affettuoso e dolente, si fa critico e spietatamente ironico: così mentre nel secondo capitolo lo avevamo visto « nuotare come una paperella », lo ritroviamo ancora in acqua, nell'ottavo capitolo, tirare « su il sedere e le cianche come una papera » (il paragone è rimasto uguale ma è evidente il mutamento di prospettiva).

In realtà tutti i vari « ragazzi di vita » sono interscambiabili fra loro (il Lenzetta, il Caciotta, Alduccio, sono riconoscibili solo dal soprannome). L'importante è per Pasolini ricoprire tre ruoli principali: il bambino, il ragazzo, e l'adulto. La condizione mediana è quella piú vantaggiosa (narrativamente parlando) perché a metà strada, ancora sincera, ma già corrotta e in parte ridicola, tra il paradiso perduto dell'infanzia, e l'inferno della società costituita. Ora, dal momento che non ci sono caratteri individuali di spicco (forse solo Amerigo e Genesio fanno da parziali eccezioni), l'identità si può trovare soltanto nel gruppo, i cui componenti si rispecchiano l'un l'altro trovando così la conferma di quei valori di furbizia, di spavalderia, di cinismo, « di lenzaggine » come essi direbbero. La banda dei « malandri » è perciò il piú delle volte il vero soggetto dell'azione romanzesca: spensierata e beffarda, compatta ma sempre sul punto di disperdersi, eccola venire avanti per una via dell'Acqua Bullicante:

> « Chi dava scopolette sulla testa del compagno, facendolo incazzare, chi si metteva in guardia colpendo l'aria di sinistro, di destro, e poi con un gancio per cui gli occhi gli si rapprendevano di soddisfazione, un altro invece mostrava la sua dritteria facendo l'indifferente con le mani pigramente in saccoccia e con l'aria di dire: "Co sta debolezza e chi ve li fa ffà sti sforzi!", carico d'ironia verso gli altri; alcuni discutevano fra loro ghignando, torcendola bocca con disgusto, tendendo le braccia con uno schiocco della lingua, o, nel calore della discussione, mettendo le mani a scodella sotto il mento, puntate contro il petto e stando in quella posizione per mezz'ora, pieni d'aria interrogativa verso l'avversario » (p. 105).

I gesti sono convenzionali, il loro spessore psicologico è nullo: tutto il significato è trasferito nell'azione collettiva, « corale » si potrebbe dire con termine un po' vecchiotto; meglio parlare di una dimensione anonima cui Pasolini si abbandona spesso non senza orrore. È la dimensione delle grandi folle cittadine di cui può fare esperienza quel « viaggiatore privilegiato » che è per tradizione il romanziere: gli operai che tornano dal lavoro, i soldati in libera uscita, i gitanti domenicali che cosí spesso Pasolini paragona alle « formiche ». In queste descrizioni gli individui si perdono e resta sulla pagina una generica terza persona plurale.

Ci pare ormai abbastanza chiaro che l'intreccio del romanzo, oltre che dalla sua genesi, è stato ulteriormente complicato dalle istanze ideologiche ad esso sottese. Allora sarà bene, a questo punto, andare a vedere i singoli episodi per capire come, di volta in volta, l'azione si articola e i personaggi vengono fatti apparire o scomparire. Procediamo dunque con ordine: capitolo per capitolo.

Primo capitolo

L'inizio della vicenda è ambientato verso la fine della guerra, con i tedeschi a presidiare la capitale. L'azione si svolge alla periferia di Roma, a Monteverde, con la Ferrobedò (cosí il popolo chiama la fabbrica Ferro-Beton) in preda al saccheggio, e d'intorno il paesaggio delle aree da costruzione inondate dalle immondizie e dal sole. Subito incontriamo il piccolo Riccetto che, tutto « acchittato », va a fare la prima comunione, somigliante piú a un bullo che a un vero catecumeno. Poi lo vediamo correre alla Ferrobedò dove, con i suoi amichetti Agnolo e Marcello, porta via tutto quello che riesce ad arraffare. Dopo queste prime avventure in cui i « pischelli » si destreggiano in mezzo alla cieca violenza degli adulti, abbiamo un salto temporale e la vicenda si sposta nell'immediato dopoguerra. I piccoli protagonisti vivono sempre di espedienti, per poi magari perdere al gioco i pochi soldi raggranellati: è la dialettica guadagno-perdita, che abbiamo indicato come molla dell'intreccio, che comincia a mettersi in moto. Ai tre non rimangono che le 500 lire sottratte furtivamente a un cieco. Con questo « mezzo sacco » i ragazzini decidono di fare una gita in barca, e a questo scopo si recano al galleggiante sul Tevere, chiamato « il Ciriola ». Qui Pasolini si dilunga nella descrizione degli scherzi e delle invettive che si scambiano tra loro i bulletti, e ce li mostra mentre, con maggiore o minore abilità, si tuffano in acqua. Mentre i « grandi » sono tutti intenti a lanciarsi pallottole di fango, il Riccetto, Agnolo e Marcello affittano la tanto desiderata imbarcazione. Quando finalmente le cose sembrano andare per il verso giusto, ecco intervenire, a guastare la festa, alcuni ragazzi trasteverini che si buttano a nuoto e pretendono a forza di salire sulla barca. Ma il Riccetto che se ne è rimasto sul fondo del natante, a guardare il cielo, scorge a un certo punto qualcosa che si sta agitando sul pelo dell'acqua: è una rondinella con le ali bagnate, ormai destinata ad affogare. Il nostro protagonista, dopo aver inutilmente cercato di convincere il rematore a fermarsi, si tuffa ed effettua il pericoloso salvataggio. È questa la scena-madre del capitolo: in essa i motivi di ingenuità, di virtú fine a se stessa, il desiderio di accordare alle cose piccole quella protezione di cui i ragaz-

zini sono privi nella loro crescita troppo precoce, tutti questi motivi sono nitidamente delineati:

> « Il Riccetto li aspettava seduto sull'erba sporca
> della riva, con la rondine tra le mani. "E che l'hai
> sarvata a ffà," gli disse Marcello, "era cosí bello ve-
> della che se moriva!" [...] Ci volle poco perché
> s'asciugasse: dopo cinque minuti era là che rivo-
> lava tra le compagne, sopra il Tevere, e il Riccet-
> to ormai non la distingueva piú dalle altre » (p. 27).

Pietà e crudeltà sono le due facce istintive di una condizione senza identità: solo l'occhio intenerito del poeta
può determinare la prospettiva « moralizzante » dell'episodio.

Secondo capitolo

La struttura è piú complessa. Subito all'inizio troviamo
una precisa datazione cronologica (« Estate 1946 ») con la
quale Pasolini vuole dare maggiore concretezza storica allo svolgersi del romanzo. Sono passati due anni in cui il
Riccetto si è già sviluppato ed ha acquistato la malizia di
un grande; in uno dei suoi caratteristici inserti didasca-
lici l'autore ci descrive la sua formazione in pochi tratti:

> « In quei due anni il Riccetto s'era fatto un fijo de
> na mignotta completo » (p. 35).

Sempre alla ricerca di qualche lira, si mette in combut-
ta con dei napoletani che abbindolano i passanti al gioco
della « cartina ». Gli affari andrebbero bene, se non inter-
venisse la polizia che porta al fresco tutta la combriccola.
Soltanto il nostro protagonista riesce a sfuggire, non solo,
ma per colmo di fortuna si ritrova unico possessore del
bottino messo da parte dalla piccola banda.

Di nuovo « ingranato » (pieno di soldi), il Riccetto abbandona la compagnia dei « pischelli » della sua età, per
accodarsi al gruppo dei ragazzi piú grandi. Con essi orga-
nizza la gita ad Ostia, dove conducono Nadia, prostituta navigata e prosperosa. La spiaggia è sommersa dalle or-
de dei turisti domenicali, un vero carnaio percorso da
fremiti insensati e da un gesticolare ossessivo, al modo di
una bolgia dantesca. Qui, in una cabina, si svolge l'inizia-

zione sessuale del Riccetto, ad opera appunto della Nadia,
la quale per soprattassa lo alleggerisce nascostamente del
« malloppo ». Il personaggio della prostituta viene trat-
teggiato da Pasolini con toni apertamente violenti, per
sottolinearne il ruolo nella corruzione e nell'intorbidamen-
to della purezza infantile:

> « La Nadia stava distesa lí in mezzo con un costu-
> me nero, e con tanti peli, neri come quelli del dia-
> volo, che gli s'intorcinavano sudati sotto le ascelle,
> e neri, di carbone, aveva pure i capelli e quegli oc-
> chi che ardevano inveleniti » (pp. 43-44).

Cosí nello stesso momento in cui il protagonista attraversa la porta dell'adolescenza, si compie anche l'arco narrativo ed egli si ritrova nuovamente nello stato di assoluta povertà. Contemporaneamente Pasolini, accorgendosi
del tradimento perpetrato nei confronti del mondo natu-
rale-mitico, comincia a sentire che il personaggio viene meno all'ideologia portante del romanzo, e cosí per la prima
volta (per una specie di punizione) il Riccetto è allontanato dalla scena. Infatti a questo punto si inserisce una storia che è parallela a quella di Ostia: e vediamo Marcello
aggirarsi per le case degli sfrattati alla ricerca dell'amico
che tarda all'appuntamento. Anche Marcello si scontra
con il mondo falso degli adulti, impersonato qui dalla so-
ra Adele, madre del Riccetto, che si sta imbellettando per
uscire con le amiche. Tuttavia egli rimane estraneo a questo mondo mostrandosi invece ancora legato agli inconta-
minati affetti dell'infanzia. Di fronte ai cagnoletti del vaga-
bondo Zambuia eccolo quindi intenerirsi fino al punto di
acquistare un cuccioletto con gli ultimi risparmi che pos-
siede. Ma su di lui, per imperscrutabile legge del destino,
si abbatte una sciagura improvvisa, resa ancora piú sor-
prendente dalla naturalezza e dalla familiarità dello stile.
In questo modo ci viene narrato il crollo del palazzo:

> « [...] aveva appena attraversato di qualche passo
> la soglia, che sentí dietro un gran fracasso, che pa-
> reva una bomba e si sentí dare alle spalle una bot-
> ta secca, come se qualcuno gli avesse ammollato
> un pugno a tradimento. "Sto fijo de na mignotta!"
> pensò Marcello, cadendo per terra a pancia in bas-

so, con negli orecchi un gran frastuono e accecato da una nuvola di polverone bianco » (p. 54).

Dopo questa laconica descrizione della tragedia il romanziere fa rientrare in scena il Riccetto, che ritorna tutto sconsolato da Ostia senza una lira in saccoccia e senza nulla sapere del disastro, in cui è rimasta coinvolta anche sua madre. Arrivato a Monteverde incontra Agnolo ed insieme riescono alla fine a farsi largo tra la folla e lo sbarramento opposto dai poliziotti, per arrivare a conoscenza del dramma che si è svolto durante la loro assenza. A questo punto Pasolini evita di cadere negli eccessi del patetico e ci comunica le reazioni del Riccetto soltanto per via indiretta. Quando Agnoletto e Obberdan (personaggio secondario che non ricomparirà piú) vanno a trovare Marcello morente all'ospedale, questi domanda notizie dell'altro amichetto:

« "E che ha detto quanno ha saputo ch'era morta
su' madre?" chiese.
"Che ha detto," fece Agnolo "è sbottato a piagne,
che vvòi" » (p. 63).

Anche la morte di Marcello non è rappresentata, ma soltanto allusa attraverso il pianto dei familiari ormai senza speranza. Ciò non può evitare però che il patetismo circoli indiscriminatamente in tutta la parte conclusiva dell'episodio, il quale costituisce proprio la fine del ciclo dedicato all'infanzia. Pasolini non può fare a meno di intenerirsi sulla sorte del suo personaggio che è anche la sorte del suo mito, impossibilitato a crescere, escluso inevitabilmente dalla dialettica storica: non a caso il primo argomento su cui Marcello interroga i piccoli compagni, riguarda il cucioletto acquistato poco prima della tragedia. Un desiderio disperato di maternità, che valga a identificare se stessi in mezzo all'anonimato e alla violenza della società, è posto dall'autore alla base della esistenza « primigenia » dei suoi piccoli eroi. Col passaggio all'adolescenza, il vizio con le sue attrattive arriverà a complicare, a rendere sotterranea e nascosta, questa moralità spontanea e inconsapevole.

Terzo capitolo

Subito in apertura troviamo un episodio emblematico. Nei pressi della stazione Tiburtina due ragazzi spingono un carretto con sopra due poltrone, ma vinti dalla stanchezza si fermano a fumare una sigaretta e uno di essi sale a sistemarsi sulla morbida imbottitura. Pasolini procede nella descrizione giocando sul contrasto tra la pigrizia e la goduta sensualità dei gesti del giovane, in opposizione al nevrotico agitarsi del traffico cittadino:

> « Fumandosi la cicca che il compagno gli aveva appena passato, quello con la maglietta nera si issò sopra una delle due poltrone che stavano sopra il carretto, e vi si distese quant'era lungo, con le gambe larghe e la testa tutta riccioletti appoggiata sulla spalliera. Cosí si mise a aspirare beatamente quei due centimetri di nazionale che teneva tra le dita, mentre intorno a lui, in cima al ponte, il traffico dei pedoni e delle macchine con l'avanzare del mezzogiorno aumentava » (p. 66).

Intanto sopraggiungono due stracciaroli con un carretto di immondizie (sono Alduccio e il Begalone, futuri protagonisti del settimo capitolo); solo a questo punto veniamo a sapere che il ragazzo sulla poltrona non è altri che il Riccetto. Veniamo anche a sapere che è passato un anno dal crollo del fabbricato, e che il Riccetto è andato ad abitare presso lo zio, dalle parti di Tiburtino.

Poi, dopo un vivace battibecco, i due carrettini si dividono e il Riccetto col suo socio del momento, il Caciotta (un *alter ego* meno furbo ma piú addentro negli ambienti tiburtineschi) va a vendersi le poltrone, invece di consegnarle al legittimo destinatario. Col ricavato, 15 mila lire, essi possono finalmente permettersi di rinnovare il liso guardaroba nonché di avventurarsi nelle vie meravigliose del centro di Roma.

Questo vagabondaggio ha termine sulle panchine di Villa Borghese, dove il Riccetto e il Caciotta incontrano altri teppistelli appartenenti ad un'altra banda. Insieme a loro facciamo la conoscenza di tutta una fauna notturna di delinquenti, di prostitute, di soldati. È l'oscurità stessa che sembra favorire il vizio e lo sfrenamento degli istinti piú inconfessabili. Anche le alleanze e le amicizie (la « Lega degli avviziati delle Borgate Romane ») hanno in questo clima un valore assolutamente provvisorio: ed il Caciotta dovrà pentirsi amaramente di aver rivelato il possesso di una notevole quantità di denaro. Infatti la mattina dopo quando i giovani si svegliano sulle panchine del parco, si ritrovano alleggeriti delle scarpe, degli occhiali nuovi nonché di tutta la somma ricavata dall'affare delle poltrone. Cosí si chiude il primo episodio notturno e si compie ancora una volta il ciclo guadagno-perdita.

Ma la fantasia avventurosa dei « ragazzi di vita » non tarda a rimettersi in moto e a cogliere al volo l'occasione favorevole: a farne le spese è adesso una signora che viene borseggiata sul tram dai due compari. Cosí « riconciliati con la vita », il Riccetto e il suo *partner* giungono al Portonaccio ove prendono l'autobus per fare ritorno in patria, a Tiburtino.

Qui però il Caciotta incontra alcuni vecchi amici della borgata con cui è cresciuto e con i quali ha compiuto le prime malefatte. Con essi si lascia andare a nostalgiche rievocazioni del non lontano passato, e, poi, scarsamente edotto dalla disavventura precedente, onde fare sfoggio della riconquistata ricchezza, esibisce con spavalderia il bel portafoglio rigonfio. Ciò attira l'attenzione di un altro personaggio rimasto fino ad ora in disparte: si tratta del gigantesco Amerigo, il quale si avvicina con aria misteriosa al Caciotta. Su di un cenno di gomito ed una frase mormorata si chiude improvvisamente il capitolo, che è l'unico del romanzo a non avere una conclusione drammatica, ma invece resta « aperto », quasi sospeso, perciò collegandosi strettamente al capitolo seguente di cui costituisce il prologo.

Quarto capitolo

Amerigo, che viene subito definito come « il meglio guappo di Pietralata », propone al Caciotta un affare poco chiaro. Il Riccetto, piú malfidato, vorrebbe tagliare la corda, subodorando qualche guaio. Amerigo, non sapendo quale dei due ragazzi tenga la « grana » lo trattiene prima usando argomenti a suo modo filosofici, poi ponendogli sulla spalla come eloquente avvertimento una mano pesante « come una còfana ». Convinto il Riccetto da tanto schiacciante superiorità fisica, i tre giungono alla bisca clandestina, dove il gioco della « zecchinetta » si svolge già a pieno ritmo. Amerigo se ne rimane un po' appartato a « svagare » come si distribuiscono le sorti del gioco, poi all'improvviso ingiunge al Riccetto di prestargli mille lire, che gli vengono consegnate non senza nuove schermaglie verbali. L'alternarsi della fortuna delude ben presto le speranze del giocatore. Ecco allora ripetersi la solita scena: il Riccetto che cerca in tutti i modi di non farsi portare via tutta la somma, e Amerigo che ove non raggiunga lo scopo con ponderati ragionamenti logici, butta sulla bilancia il peso delle sue poco gentili minacce. Dopo aver ceduto tre volte alle pressioni del gigante, che continua regolarmente a perdere, il Riccetto approfitta di un momento di disattenzione e se la batte giú per le scale. Appena in tempo per vedere arrivare i carabinieri ed evitare l'arresto con una precipitosa fuga. Sulla definitiva sorte di Amerigo rimane però un interrogativo, una specie di *suspence* che verrà sciolta soltanto al termine del capitolo.

Scampato miracolosamente alla cattura, il Riccetto riprende a vagabondare alla periferia della città, finché non arriva nella zona della Maranella. Qui si imbatte in un'altra banda di « paraguletti » e fra questi riconosce il Lenzetta, che aveva già conosciuto nel precedente episodio di Villa Borghese: e sarà questi, d'ora in avanti, l'*alter-ego* del protagonista, identico nei tratti fisionomici (« riccio, piccolo, con una faccetta gonfia da delinquente ») e sempre in gara per dimostrare una maggiore « lenzaggine » (astuzia) come il nome stesso suggerisce. Il gruppo si aggrega di buon grado il nuovo venuto e risale allegramente la via dell'Acqua Bullicante, verso lo spiazzo dove si trovano le giostre. Tuttavia l'attenzione dei bulletti viene attirata da un grande afflusso di folla che essi inizialmente credono l'arrivo di un circo equestre, mentre si tratta invece di una processione religiosa, trasformantesi a un certo punto in un comizio anticomunista. Mentre tutti sono intenti ad ascoltare il facondo oratore, il Riccetto e il Lenzetta, dopo un rapido cenno di intesa, tagliano la corda in vista di piú profani convegni con una donna di malaffare di nome Elina. Ecco dunque la banda improvvisamente disintegrata dall'interesse particolare, mentre rimane in scena il *tandem* Riccetto-Lenzetta. Un giorno duran-

te le loro scorribande nel territorio dell'Appia antica, essi
incontrano Alduccio, il cugino del Riccetto (vedi l'inizio
del terzo capitolo). Da lui vengono a sapere la conclusione della vicenda di Amerigo: fatto appello a tutta la sua
forza fisica, il gigante di Pietralata era riuscito a sfuggire
ai carabinieri penetrati nella bisca, ma nel tentativo di
attraversare a nuoto l'Aniene era stato colto da un malo-
re. Tuttavia neppure dopo che l'avevano portato all'ospedale e piantonato, si era potuto rassegnare alla sua sorte:

> « Dopo una settimana gli era passato il febbrone, e
> lui tentò d'ammazzarsi tagliandosi i polsi coi vetri
> d'un bicchiere, ma anche stavolta lo avevano sal-
> vato; allora una decina di giorni appresso [...] s'e-
> ra gettato giú dalla finestra del secondo piano: per
> una settimana aveva agonizzato, e finalmente se
> n'era andato all'alberi pizzuti » (p. 115).

Commosso per l'epicità della morte di Amerigo, il Riccetto decide di partecipare ai funerali che si svolgeranno
il giorno seguente a Pietralata. Ma, per quanto vi si rechi
con i migliori propositi e con il piú grande rispetto per co-
lui che è diventato una specie di martire popolare, dopo
un po' si annoia e si mette a scherzare col cugino. Cosí
anche il dolore, sottolinea Pasolini, non può attecchire in
profondità su questi animi spensierati; la vita continua,
nei ragazzi, con la sua spinta prorompente ed esuberante.

Quinto capitolo

È qui che si compie la svolta del Riccetto verso la maturità (o integrazione nel mondo del lavoro), la quale coincide, lo abbiamo già detto e ripetuto a sufficienza, con la
sua abdicazione dal ruolo privilegiato di protagonista assoluto del romanzo. Quasi a voler preannunciare questo
mutamento di prospettiva, Pasolini apre il capitolo con il
Lenzetta solo sulla scena, mentre il Riccetto e Alduccio
sopraggiungono solo in un secondo momento. La *gang* cosí al completo si dirige verso l'obiettivo del suo colpo,
il deposito di materiali di un'officina. Attraverso un buco
della rete di protezione, Alduccio, che è rimasto a fare
da « palo », vede uscire con soddisfazione una lunga teo-
ria di batterie, tubi, semiassi, piombo che egli prontamen-
te carica sul triciclo preso a prestito da Remo lo straccia-

rolo. Tuttavia i tre ladruncoli sono costretti a una fuga
precipitosa, a causa di un passante che, accortosi del furto, corre a cercare le guardie. In ogni modo il bottino
che sono riusciti a portar via sarebbe già rispettabilissimo
se a mettere ancora i bastoni tra le ruote non sopravve-
nisse l'assenza dello stracciarolo che avrebbe dovuto ricet-
tare la « roba ». In piú si intromette anche un arzillo vecchietto con la scusa di proteggere la refurtiva dall'intervento di un fantomatico vigile notturno. A questo punto il
Riccetto e il Lenzetta si scambiano un ammiccante segno
di intesa: sono infatti venuti a sapere che il vecchio tie-
ne a casa tre figlie in età, per cosí dire, da marito, dalle
quali essi ritengono di poter trarre adeguato godimento.
Ragion per cui convincono Alduccio ad andare da solo
a smerciare tutta la ferraglia, e si mettono alle calcagna
del sor Antonio (cosí il vecchietto si chiama).

Dopo una sosta all'osteria, dove divagano su questioni,
a loro modo, filosofiche, il sor Antonio li conduce in un
orto a rubare i cavolfiori, nutrimento base della sua nu-
merosa ed affamata famigliola. La descrizione notturna di
questo orticello illuminato dalla luna è uno dei momenti
in cui l'*humour* di Pasolini appare piú pervaso di picare-
sca allegria:

> « La luce della luna lo investiva tutto, grande co-
> m'era, che non ci si vedevano i recinti dall'altra
> parte. La luna era ormai alta alta nel cielo, s'era
> rimpicciolita e pareva non volesse piú aver a che
> fare col mondo, tutta assorta nella contemplazione
> di quello che ci stava al di là. Al mondo, pareva
> che ormai mostrasse solo il sedere; e, da quel se-
> derino d'argento, pioveva giú una luce grandiosa,
> che invadeva tutto » (p. 145).

Aiutato il vecchio a trasportare i cavolfiori, il Riccetto
e il Lenzetta fanno finalmente la conoscenza delle tanto
appetite figliole; tuttavia, introdotti in casa del sor Antonio, assumono un'aria assai impacciata e di circostanza,
molto diversa dalla loro abituale spavalderia di « malandri ». La visita però non rimarrà senza conseguenze. Dopo
qualche tempo troviamo infatti il Riccetto fidanzato con
la terza delle figlie del sor Antonio, una « roscietta lentic-
chiosa, e un po' bruttarella », e deciso a mettere la testa

a partito: laonde per cui trova lavoro come garzone di un pescivendolo ed adempie tutte le domeniche ai suoi obblighi accompagnando la ragazza al cinema. Con toni ferocemente ironici Pasolini descrive il Riccetto rimesso a nuovo con un paio di calzoni alla moda:

> « Erano grigi, a tubo, con le saccocce di traverso, e veniva avanti un po' piegato, con i pollici nella cinta, strascinando un po' i piedi, con aria un po' affaticata e goffa da burinello. Erano come tanti tubi, intorno alla fessa, che camminando si spostavano, tubo qua tubo là, tubo su tubo giú » (p. 158).

Ma proprio per far fronte a questi gravosi oneri sociali, il Riccetto è costretto a ritornare alle vecchie abitudini e ad organizzare un altro colpo sempre con Alduccio e il Lenzetta e l'aggiunta di un certo Lello. L'intenzione è, anche questa volta, di alleggerire un magazzino dalle parti di Porta Metronia, con la stessa tecnica del furto precedente. Ma interviene l'imponderabile fatalità, nei panni di un solerte guardiano notturno che lancia a gran voce l'allarme, per nulla intimidito dagli insoliti visitatori. Lello e il Lenzetta vengono immediatamente catturati; Alduccio fuggendo si ferisce ad una gamba ed è costretto a recarsi all'ospedale: solo il Riccetto, ancora una volta, rimane in libertà, ma è obbligato a girovagare senza meta per la paura di essere a suo turno arrestato. Ridotto di nuovo nella condizione di reietto e di perseguitato, il Riccetto viene moralmente riabilitato, e gli è concessa da Pasolini l'ultima occasione di fungere da protagonista unico sulla scena del romanzo.

Lo seguiamo cosí mentre gironzola dietro S. Giovanni alla ricerca di qualcosa da mangiare: lo vediamo poi aiutare gli spazzini a scaricare le immondizie, ricevendo in cambio il permesso di andare a rovistare nei rifiuti. Con il camion della Nettezza Urbana, il Riccetto attraversa tutta una fetta della città, fino alla Borgata Gordiani, tra la Prenestina e la Casilina. Qui rimane per alcune ore nel grande immondezzaio putrescente e puzzolente, senza trovare nulla di commestibile, intontito dal caldo e dall'odore. Ridotto in condizioni pietose, il Riccetto rientra nel suo rifugio, all'ultimo piano di un palazzo di via Taranto: addormentandosi non si accorge però che la porta dell'appartamento adiacente è stata forzata e l'appartamento medesimo svaligiato. Cosí verrà destato con modi bruschi dai poliziotti che lo arresteranno, ironia della sorte, proprio per un furto che egli non ha mai pensato di commettere.

Sesto capitolo

« Lo portarono a Porta Portese, e lo condannarono a quasi tre anni — ci dovette star dentro fino alla primavera del '50! — per imparargli la morale » (p. 171).

Con queste parole si era concluso il capitolo precedente; e di fatti, scontata la pena, ritroviamo il Riccetto che ha davvero imparato una specie di morale utilitaristica (ora si è messo a fare il manovale e pensa ai fatti suoi), ma proprio per questo non è piú valido come protagonista della storia. La scena (sono passati appunto i tre anni della pena detentiva) si apre sulle sponde dell'Aniene assaltate dai ragazzini che sguazzano e giocano nell'acqua intorbidata dagli scarichi delle fabbriche: c'è anche il Caciotta (lui pure appena uscito dal « gabbio ») e ci sono Alduccio e il Begalone. E c'è un vociante sciame di ragazzini (il Tirillo, lo Sgarone, Armandino) che si agitano freneticamente seguendo momentanei entusiasmi: né esitano ad affrontare la violenza dei « grossi », rinnovando quel contrasto, caro a Pasolini, tra il bambino debole ma furbo, e l'adulto forte ma fesso. Cosí in questo diverbio tra il Caciotta e Armandino, che lo attende a pié fermo come un antico cavaliere:

« Il Caciotta lo guardò senza dir niente, strozzato dalla collera e si mosse minaccioso verso di lui, che aveva alle sue spalle, per tagliare, tutto il campo e le sponde dell'Aniene [...] ma invece se ne rimase lí fermo come si trovava, un po' gobbo, rosso in faccia e pronto a tutto, per una soddisfazione, pure magari a buscarle » (p. 181).

E Armandino uscirà dal duello con le mutandine strappate, ma col suo onore intatto.

C'è poi, naturalmente, il Riccetto che sopraggiunge a capitolo già inoltrato, « grassoccio » e « lucido », e con un paio di slip nuovi come segno del suo recente imborghesimento. L'arrivo del Riccetto serve soprattutto al narratore per introdurre tre personaggi che diventeranno preminenti nella parte finale del libro: sono i « tre maschietti di Ponte Mammolo », Genesio e i suoi fratellini Borgo Antico e Mariuccio. Essi si distinguono dai soliti bulli di borgata per una specie di bontà nativa e per il pudore di non far scoprire questo sentimento segreto (Genesio è sempre rappresentato silenzioso ed assorto). Mentre negli altri la caratteristica è l'esibizionismo e la spavalderia, essi si avvolgono in un velo di timidezza, per esempio Borgo Antico quando ricusa di esternare le sue notevolissime doti di cantante.

Un altro personaggio anomalo nella vitalità esuberante del gruppo è il Piattoletta, specie di nanerottolo deforme e rachitico, che porta in capo un inseparabile berretto a coprire il cranio spelacchiato e bitorzoluto. Egli è il più naturale bersaglio dei lazzi osceni e degli atroci scherzi dei suoi infaticabili coetanei, i quali però altrettanto facilmente si distolgono verso nuovi giochi e nuove attrattive.

Sul far della sera il branco dei ragazzini abbandona le rive dell'Aniene, e si addentra nei prati del monte del Pecoraro: le loro energie sono tutt'altro che esaurite, anzi vengono stimolate dalla presenza di alcune bambine smorfiose, e dal desiderio impacciato di fare colpo. Dopo i soliti scherzi violenti i maschietti decidono di giocare agli indiani e iniziano a danzare in cerchio con le caratteristiche grida. Sarebbe un passatempo innocente se al Roscietto non venisse l'idea, per rendere più veristico il gioco, di legare al palo della tortura il povero, recalcitrante, Piattoletta: e se non gli accendesse sotto i piedi, sempre per eccessivo verismo, uno scoppiettante focherello di sterpi. La fine dell'episodio è presentata di scorcio, suggerita più che rappresentata: ma al contrario di altri finali drammatici, questo assume un suo colorito risvolto comico:

« I calzoni, intanto, non tenuti più su dalla cordicella, gli erano scivolati, lasciandogli scoperta la pancia e ammucchiandosi ai piedi legati. Così il fuoco, dai fili d'erba e dagli sterpi che i ragazzini continuavano a calciare gridando, s'attaccò alla tela secca, crepitando allegramente » (p. 202).

Settimo capitolo

I protagonisti del capitolo sono Alduccio e il Begalone, seguiti attraverso una nottata di scorrerie « dentro Roma ». Entrambi lasciano in borgata una situazione insostenibile e al limite della rottura. Alduccio con il padre alcoolizzato e la sorella incinta e aspirante suicida; il Begalone (che per parte sua è ormai tarato dalla tubercolosi) con la madre epilettica e indemoniata. È logico che i due amici cerchino di scaricare all'esterno le frustrazioni di questa esistenza miserabile: ma, come vedremo, l'impudenza e l'aggressività si riveleranno un paravento dietro al quale ristagna una muta e cupa disperazione. Alduccio e il Begalone raggiungono il centro di Roma scroccando il viaggio sui respingenti del tram: presso il foro Boario, scorgono sui gradini del tempio di Vesta due affascinanti turiste e subito cercano di « rimorchiarle ». Però malgrado l'accurata preparazione, la conquista fallisce e il miraggio del sesso, vanamente inseguito, dilegua sotto gli occhi sorpresi dei due *latin lovers*:

> « Intanto però quelle due, come imboccarono l'altro lungotevere, arrivarono davanti a una macchina lunga dieci metri, vi salirono, una la mise in moto e te saluto Gesucrí » (p. 223).

Quindi Alduccio e il suo compagno, per raggranellare un po' di soldi, si mettono a fare « marchette », e proprio seguendo un invertito, giungono alla spalletta del lungotevere, dove se ne sta seduto il Riccetto. Il ritorno in scena del Riccetto serve ad introdurre un episodio di grande rilevanza ideologica: egli infatti conduce l'assortito terzetto in un posto solitario, da lui conosciuto dalle parti di Monteverde. Poi rimasto solo, ripercorre i luoghi dove ha passato la fanciullezza (vedi i primi due capitoli), ma li trova ormai completamente cambiati: il progresso è intervenuto, negli anni della ricostruzione, con i suoi casermoni tutti uguali, vuoti di vita, e la sua pulizia disinfettante ed asettica. Pare quasi, leggendo questo passo, che Pasolini rimpianga la vecchia miseria lacera e rabbiosa, rispetto a questa miseria decorosa ma imbelle:

> « C'era troppa pulizia, troppo ordine, il Riccetto non ci si capacitava piú. La Ferrobedò, lí sotto, era

uno specchio [...] Pure la rete metallica, che seguiva lungo la strada la scarpata cespugliosa sopra la fabbrica, era nuova nuova, senza un buco. Solo la vecchia garitta, lí, presso la rete metallica, era sempre tutta fetida e lercia: quelli che ci passavano avanti, continuavano come una volta a farci i loro bisogni: ce n'era dentro, e anche fuori, tutt'intorno, almeno un palmo. Quello era l'unico punto che il Riccetto ritrovò famigliare, proprio come quand'era ragazzino, ch'era appena finita la guerra » (pp. 237-238).

Dopo questa parentesi (che mostra esaurientemente la scomparsa di un mondo miticamente vagheggiato), il periscopio dell'autore torna ad inquadrare Alduccio e il Begalone, i quali, rimediata un po' di « grana » con turpi espedienti, si dirigono verso il bordello. Ma il denaro non è sufficiente per entrambi e quindi sono costretti a tirare a sorte. La dea bendata favorisce Alduccio, ma quando egli si apparta con una matura professionista ecco scoppiare un nuovo dramma (anche stavolta prospettato magistralmente di scorcio): infatti il ragazzo, prostrato dalla fame non riesce a compiere il suo dovere, e deve abbandonare la casa del piacere tra le risate e i lazzi delle « cattive signorine » e degli avventori. Colpito nella sua virilità, Alduccio è distrutto e resta muto e insensibile di fronte alle smorfie ed agli scherzi che il Begalone (con sottile cattiveria) profonde lungo il viaggio di ritorno in borgata.

A casa la disperazione di Alduccio si scontra con la sua triste situazione domestica: la sorella in crisi suicida, la madre pazza di rabbia, che lo accusa di non lavorare per il sostegno della famiglia. Alla fine i nervi del giovane non reggono ed egli colpisce la madre con un coltello. Anche per questa tragedia, posta al termine del capitolo, Pasolini usa una prospettiva allusiva, chiudendo la narrazione all'improvviso senza dare notizia sull'esito del gesto disperato:

« "Vaffan...," le disse Alduccio. "Vacce tu, a chiavicone zozzo, come ce sei stato infin'adesso," gridò la madre. Alduccio non ci vide piú e si chinò a afferrare il coltello, che gli era caduto davanti ai piedi sul pavimento sporco » (p. 252).

Ottavo capitolo

La « istoria » corale dei ragazzi della borgata si conclude anch'essa tragicamente e non a caso l'ultimo capitolo viene intitolato da Pasolini *La Comare Secca* (e cioè
la morte). Nello stesso scenario della riva dell'Aniene dove in precedenza avevamo visto svolgersi i giochi e le pro-
dezze dei bulli, ora il destino crudele dei giovani emargi-
nati arriva a completo compimento. Dapprima è Alduccio
che si addormenta con le braccia in croce, in una postura
da cadavere; poi è il Begalone che sceso in acqua malgrado gli accessi di tosse, sviene in mezzo al fango e viene
trasportato via piú morto che vivo; ma sarà infine Genesio, il piú *cosciente* dei ragazzi di vita, ad arrivare fino
all'estremo dramma, scomparendo tra le onde nel tentativo di traversare il fiume, prova che per lui rappresenta la
dimostrazione della conquistata maturità. Su questa scena, caricata di effetti tragici e fortemente patetici, il romanzo si chiude. Ma se Genesio funziona in questo finale
da « eroe positivo » che incarna tutta la sofferenza e la
speranza di una infanzia offesa, l'episodio conclusivo serve anche a una rappresentazione « in negativo » dell'ex-
protagonista, il Riccetto, definitivamente integrato nel mondo del lavoro e nel nascente mondo dei consumi. Ecco, in
pochi tratti di descrizione, emergere la sua soddisfazione,
di marca piccolo-borghese:

> « Mentre che si sfilava i calzoni con le gambe al-
> te per non farli strisciare sulla polvere, fischiettava
> tutto soddisfatto, e parlottava fra di sè, baccajando
> a voce bassa contro i buchi dei pedalini, o con-
> gratulandosi con se stesso per la bella maglietta che
> s'era fatto. "È fforte," diceva convinto, riguardan-
> dola mentre la ripiegava.
> "Mo me ne vo da quer bacalaccione der principa-
> le," si disse poi come fu in mutandine, "me fo dà
> 'a grana, magno, e dopopranzo tutta vita! Stacce a
> Riccè!" » (p. 272).

Pare quindi che al tirare delle somme due sole vie ri-
mangano aperte allo sviluppo dei ragazzi: la morte o l'integrazione (che è il tradimento del mondo originario). L'ultimo capitolo reca dunque il compendio, la morale ideolo-

gica di tutto il romanzo: anche dal punto di vista narrativo è questo il *luogo* dove si ritrovano personaggi e situazioni dipanate per l'intero corso dell'intreccio. Avevamo detto in precedenza che qui « tutti i nodi vengono al pettine »: e così vediamo gli episodi dell'infanzia (primo e secondo capitolo) ritornare attraverso i ricordi del Riccetto, e la stessa morte di Genesio, con quella « testina nera » che affiora e scompare, risulta il doppio (negativo) dell'episodio della rondinella salvata. Ritroviamo poi alcuni dei personaggi principali: il Caciotta (terzo capitolo), Alduccio e il Begalone (settimo capitolo), mentre del Lenzetta (quinto capitolo) ci viene indirettamente raccontata l'ultima, sanguinosa impresa. La presenza di Alfio Lucchetti, che conosciamo per essere lo zio di Amerigo, ci ricorda le gesta del gigantesco bravaccio di Pietralata (quarto capitolo). Infine le figure dei due goffi carabinieri riallacciano la narrazione al capitolo (il sesto) in cui si è svolto il supplizio del Piattoletta, divenuto ora motivo di una inchiesta giudiziaria.

Ma a concludere veramente la storia sarà il protagonista reale di tutte le vicende raccontate: la città malata con la sua periferia sporca e sgretolata, che fa da pietoso coro alle esistenze inconsapevoli. L'anonimo sfondo della scena avanza allora sul proscenio per recitare il suo muto, eloquente « epilogo »:

« [...] sia nella campagna che si stendeva intorno abbandonata, verso i mucchi di casette bianche di Pietralata e Monte Sacro, sia per la Tiburtina, in quel momento, non c'era nessuno; non passava neppure una macchina o uno dei vecchi autobus della zona; in quel gran silenzio si sentiva solo qualche carro armato, sperduto, dietro i campi sportivi di Ponte Mammolo, che arava col suo rombo l'orizzonte » (p. 281).

COMMENTO CRITICO

Il linguaggio

In questo romanzo, come del resto in tutto il *corpus* dell'opera pasoliniana, il problema del linguaggio va strettamente collegato ad una serie di scelte ideologiche piú generali. Pasolini infatti parte dalla scoperta di una nuova realtà sociale ed esistenziale, e dal rifiuto di esprimerla mediante una qualche convenzione falsificante: non tradurla, cioè, all'interno di un quadro razionale prefissato, ma avvicinarla col sentimento, *amandola* quindi in tutti i suoi aspetti, per quanto possano apparire abnormi o incomprensibili. Lo stesso atteggiamento, per converso, veniva richiesto al lettore, che per entrare in un cosiffatto mondo narrativo doveva giocoforza rinunciare ai suoi pregiudizi e alle sue prevenzioni; e di fatto lo scandalo del libro era aumentato dalla presenza preponderante del dialetto che, quasi linguaggio di genti straniere, escludeva dalla fruizione chi non avesse una familiarità di vita con l'universo rappresentato. Ma Pasolini procedeva oltre, nel rinchiudersi in un ambito linguistico particolare: il suo non era neanche vero e proprio dialetto, ma un gergo, quello usato dalla malavita romana, degenerante il piú delle volte in puro e semplice turpiloquio. Contro le accuse di impoverimento linguistico, Pasolini poteva dal canto suo obiettare proprio a partire dai canoni del romanzo realista: le frasi del gergo erano infatti poste in bocca ai rispettivi parlanti, per i quali ogni altra espressione sarebbe stata mistificante. E allora, come si fa a rimproverare a un « païno » o a un « pischello » il suo inveterato modo di parlare? Sarebbe come rimproverargli di esistere. Su queste posizioni rigidamente mimetiche e meccaniche, Pasolini si attesterà soprattutto in un'intervista rilasciata dopo il suo secondo romanzo.[9] Ma il problema non era cosí semplice come veniva qui prospettato (dato un personaggio se ne deduce automaticamente il linguaggio). In realtà l'impasto dialettale-gergale dei teppistelli di borgata si accordava con ragioni ideologiche ancora piú profonde: era un linguaggio *orale*, non scritto, e quindi incontaminato dagli usi burocratico-ufficiali di ogni linguaggio scritto: nella sua persistenza e lenta evoluzione era cioè piú vicino a una sorta di *naturalità* (Pasolini direbbe « un'altra cultura ») sotterranea ed arcaica. Ma in particolare il romanesco appariva a Pasolini come dotato di una multiforme *vitalità espressiva*, proprio per la particolare posizione del-

la città, centro parassitario dello stato, tanto marcescente
quanto a suo modo incorrotto. Un linguaggio in cui la contraddizione generale (tra sviluppo e sottosviluppo) si tra-
sformava in esplosione verbale: l'invettiva e appunto il
turpiloquio, tanto sgradevole ad orecchi benpensanti, erano il segno di questo prorompente vigore. La verbosità
aggressiva serviva poi da difesa, come barricata innalzata
dal mondo dei « puri » di contro alla « civiltà », e alla
corruzione borghese. Giustamente Ferretti ha parlato di
una « barriera sociolinguistica » eretta allo scopo di deli-
mitare e di salvaguardare la zona fisicamente occupata dal
popolo.[10]

Il momento di esplosione dell'interiezione gergale si ha
logicamente nel dialogo, quando cioè il microfono, per cosí dire, viene ceduto direttamente al parlante: tuttavia Pasolini, per raccordare e spiegare le parti dialogate, è costretto a inserire larghi brani in linguaggio narrativo, usando per essi l'italiano, pur con diversi gradi di contaminazione. A questo proposito Scalia, in un suo accenno ai
Ragazzi di vita, individua ben sette varietà di registri: a)
neo-realistico; b) idillico-picaresco; c) belliano; d) mora-
viano; e) lirico; f) tragico aulico; g) tragico popolaresco.[11]
L'analisi è indubbiamente esaustiva, e certo sarebbe interessante una verifica che ricercasse gli esempi per i rispettivi livelli. Tuttavia, ragioni di semplicità descrittiva, con-
sigliano di raggruppare i registri lungo un segmento aven-
te ad un capo il gergo-dialetto, all'altro capo l'italiano li-
rico-descrittivo, e al centro i casi di contaminazione (fra
cui i piú vistosi sono i brani che chiameremo popolaresco-
epici). Di questi tre principali aspetti del linguaggio pasoliniano esamineremo i versanti lessicale e sintattico, per
accennare infine all'uso sperimentale che essi assolvono nel
tessuto testuale globale.

Del dialetto abbiamo già mostrato come il momento
espressivamente piú acuto sia quello del « bercio », dell'imprecazione e dell'insulto. In alcuni passi, infatti, l'interiezione rimane l'unica forma di articolazione verbale, magari ripetuta insistentemente con compiaciuta ostentazione:

    [10] G. C. Ferretti, *Letteratura e ideologia*, Roma, Ed. Riuniti, 1964,
p. 226.
    [11] G. Scalia, *Critica, letteratura e ideologia*, Padova, Marsilio, 1968,
p. 235.

« [...] urlò con una risata feroce: "Li mortacci sua!", e Remo sulla riva, scuotendo il capo, allegro borbottò: "Li mortacci, che fforza che sei!" Pure il Bassotto lí accanto, lungo sul marciapiede, ghignava, quando gli arrivò tra i ricci un malloppetto di fanga. "Li mortacci vostra!" urlò voltandosi furente. [...] Dopo poco gli schizzò sul capo un altro malloppetto. "A li mortacci," gridò » (p. 19).

Oltre a queste esclamazioni ingiuriose, che spesso raggiungono una violenza oltraggiosa equivalente alla fisicità di uno schiaffo, troviamo altre espressioni caratteristiche, affermative ed interrogative: introdotte da forme verbali stereotipate come « ammazza... », « an vedi... », « daje... », oppure da un « aoh... » o da un semplice « a... » (che ha funzione *fàtica*, cioè stabilisce il contatto con l'interlocutore desiderato: es. « a Riccetto », « a sor maè », « a caccoloso », ecc.). Un'altra inflessione tipica è quella dell'interrogazione rafforzata da un « che » finale: « Me conoschi, che? » (p. 106); « Nun ce l'hai fatta, che? » (p. 263). Piú in generale si potrebbe parlare dell'uso di ripetere in fine di frase la particella iniziale, o piú spesso il verbo principale; per esempio: « Mo te dò un carcio in faccia mo » (p. 194), oppure « je ceco l'occhi je ceco » (p. 193).

Come si vede il dialogo dei « ragazzi di vita » risulta da un susseguirsi di battute, di botte e risposte, che di rado prendono spessore narrativo o psicologico: non manca però in queste espressioni immediate un aspetto « creativo » soprattutto quando la vivace fantasia popolare contamina inaspettatamente versanti culturali estranei:

« "Qui pisci?" gli gridò il Caciotta che si stava a levare i pedalini un po' piú in basso. "Mo vado a piscià in via Arenula," disse il Begalone [...] » (p. 172).

Ma proprio a causa della mancata espansione, il dialetto fornisce per lo piú imprestiti lessicali su un impianto linguistico normale. Infatti, contiguo al dialogo, notiamo un secondo livello stilistico in cui il dialetto predomina nel lessico, ma non nella organizzazione della frase.[12] Si

---

[12] Su questo problema e in generale sul linguaggio di Pasolini, cfr. P. Pucci, in « Società », n. 2, marzo 1958.

tratta dei brani in cui si svolge la dinamica dell'azione, il resoconto dei fatti: qui il romanziere utilizza assai spesso i termini cari ai suoi personaggi:

> « Il Riccetto e il Caciotta si diedero un'occhiata, per squadrare uno coll'altro che faccia avevano, e per poco non se la sbroccolarono vedendo quanto facevano pena. Invece si misero a ridacchiare, e facendo a spallate, con due facce gioconde da impuniti, imboccarono » (pp. 82-83).

Questo tipo di *contaminatio* diminuisce invece notevolmente nei passi descrittivi (i motivi *statici* dell'intreccio). La critica contemporanea al romanzo ha polemicamente apprezzato queste descrizioni, scoprendovi le notevoli doti idillico-pittoriche del Pasolini poeta, e rammaricandosi magari che egli avesse sprecato i rari momenti felici, disperdendoli in una cervellotica e velleitaria costruzione narrativa. È senza dubbio vero che Pasolini, all'altro vertice del suo linguaggio, utilizza un eloquio lirico-idillico che si distacca dagli altri livelli stilistici, anche per una sua dimensione ritmica e metrica. Sarebbe infatti possibile, con un'attenta analisi, ricondurre molte frasi ad una misura quantitativamente regolare. Diamo per brevità solo alcuni esempi di endecasillabi:

> « Non c'era piú una nuvola nel cielo » (p. 103); « Poi anche quella luce si offuscò » (p. 160); « Tutto pareva verniciato e fresco, dopo la pioggia della sera prima » (p. 253); « che arava col suo rombo l'orizzonte » (p. 281).

Il linguaggio messo in opera nelle descrizioni è un linguaggio poetico medio (su una linea Pascoli-Montale) con alcune punte di termini preziosi e taluni abbassamenti che pervengono ad inglobare anche termini dialettali. Soprattutto il « sublime » poetico viene riallacciato alla prosa mediante la precisione toponomastica dei luoghi concreti cui le descrizioni sono attinenti. Scegliamo ora un campione di questi inserti:

> « Come imboccarono la Casilina, cominciò a soffiare il vento e delle colonne di polvere bianca e di immondezza cominciarono a girare qua e là sui

larghi e sugli spiazzi, suonando sui fili della ferrovia di Napoli come su una ghitarra. In quattro e quattr'otto, dietro tutto quel bianco il cielo si fece nero, e contro quel fondale nero come l'inferno, le facciate rosa e bianche della Casilina brillavano come carte di cioccolatini. Poi anche quella luce si offuscò, e tutto fu scuro, spento, ormai freddo, sotto gli sfregamenti delle ventate che riempivano gli occhi di granelli di polvere » (p. 160).

Come si vede il brano presenta, nella parte iniziale, l'inserzione di alcuni termini dialettali come « immondezza » e « ghitarra »: nella seconda e nella terza frase, invece, ci sono termini di linguaggio colto, culminanti col verbo « offuscare ». La descrizione procede infatti verso una intensificazione sia ritmica che simbolica, fino a fungere da equivalente di una vibrazione interiore che prelude, non a caso, alla tragedia che si svolgerà nelle pagine subito successive. Nel *campione* che stiamo esaminando notiamo anche la presenza di una vera e propria tavolozza di colori, che serve a sottolineare il valore visivo e quindi statico della descrizione. L'intervento culturale è piú che evidente: infatti non è molto verosimile che quattro giovinotti di borgata, intenti a sospingere un carrettino in vista di un furto con scasso, si soffermino ad ascoltare suoni di chitarra nelle folate del vento, o a scorgere l'inferno nell'oscurità minacciosa del cielo. Intendiamo dire, in altre parole, che la similitudine e la metafora, di cui troviamo qui svariati esempi, sono lo strumento tecnico che Pasolini maggiormente adopera per intervenire direttamente sui fatti bruti della vicenda, e filtrarli con una ideologia preesistente.

Le metafore che abbiamo visto intervenire durante la descrizione seguono un uso principalmente estetizzante: oltre a creare un alone suggestivo ed emozionale (in base alla distanza « semantica » dall'altro termine di paragone) le metafore affermano l'esistenza di una seconda realtà al di sotto dello scheletro delle azioni narrate. Questa realtà viene connotata da un registro linguistico « alto », che fa da spessore alla mera registrazione dei dati, affermata programmaticamente, traducendo i dati stessi in simboli profondi ed esistenzialmente pregnanti.

Un uso della similitudine molto frequente è quello del grottesco che si attua soprattutto nei paragoni con animali, diffusissimi in tutte le pagine del romanzo. Assistiamo cosí a svariate metamorfosi: gli adulti si trasformano in « rapaci » (p. 118), o in « bacalaccioni » (p. 155 e p. 272); i giovani in « bacarozzi » (p. 132) e in « gallinacci » (p. 152). Dall'ironia crudele si passa alla tenerezza nei confronti dei bambini piú piccoli, per i quali la metafora prende toni scopertamente sentimentali (e pascoliani): essi assomigliano ad uno « sciame » di vespe o di uccelletti, e quando parlano « cinguettano » come Mariuccio (p. 274). Non c'è da stupirsi che per converso gli animali siano dotati di espressioni e di pensieri umani.

Vogliamo concludere questo breve *excursus* sul versante « aulico » del linguaggio pasoliniano, con una considerazione riguardante l'uso dell'aggettivo. Infatti la convenzionalità del dialogo non avrebbe chiarezza sufficiente per illustrare la psicologia dei personaggi e motivare i loro comportamenti: perciò il narratore deve intervenire con delle determinazioni, aggiungendo aggettivi (o piú raramente avverbi). Esempio:

« "Che se' matto?" fece divertito Alduccio.
"Mica sto a scherzà sà!" fece disgustato il Begalone.
"Ma vaffan..., va!" disse Alduccio ridendo » (p. 220).

Questi aggettivi (che formano quindi una sorta di didascalia illustrante gli stati d'animo e le disposizioni interiori) vengono scelti soprattutto dal registro letterario, provocando non di rado strani contrasti: cosí il Riccetto si metterà a cantare « filosoficamente » (p. 103), poi parlerà con « voce patetica » (p. 187), infine andrà a fare una passeggiata « per semplici ragioni sentimentali » (p. 232). È proprio mediante questi procedimenti che la figura dell'io-narrante, abolito come personaggio, fa di nuovo capolino, camuffata in vesti stilistiche: il linguaggio dialettale-gergale (registrato) è costretto, per connettersi e per spiegarsi a ricorrere al linguaggio letterario e ai suoi moduli caratteristici.[13]

---

[13] A proposito dell'uso dell'aggettivo e delle « metafore animali » cfr. G. C. Ferretti, *op. cit.*, pp. 239 e 241.

Ma il piú delle volte, i due principali livelli linguistici su cui opera Pasolini, non si trovano allo stato puro, bensí vicendevolmente contaminati. Tra queste forme miste, che potremmo collocare a metà strada tra i due poli dialetto-poesia, ve n'è una particolarmente caratteristica, che costituisce forse la soluzione stilistica piú interessante di tutto il romanzo. Ci riferiamo a quegli inserti che dal punto di vista contenutistico potremmo definire di « epica popolare »[14] e dal punto di vista sintattico sono quasi tutti caratterizzati dall'uso del discorso indiretto libero. Notiamo preliminarmente come ai « ragazzi di vita » sia quasi impossibile articolare un discorso che vada oltre la frase immediatamente gridata. Solo in due casi il dialetto si allarga in una forma complessa (il racconto dei polacchi fatto dal Riccetto, p. 36; il racconto del cocomeraro fatto dal Caciotta, p. 89), ma a ben guardare non è altro che un calco dialettale sulla lingua letteraria. In realtà tutte le volte che i personaggi sono chiamati a fornire rendiconti narrativi, Pasolini ricorre al discorso indiretto libero (introdotto da un « raccontò che... » oppure semplicemente aggiunto, dopo chiuse le virgolette) con il quale i discorsi dei personaggi sono riferiti dalla voce del narratore. Soggetto e oggetto si incontrano, allora, in una sorta di « tono medio ». Cosí i modelli epici imposti dall'alto vengono accettati solo a costo di deformazioni e degradazioni, utilizzati senza rispetto con l'espunzione (almeno parziale) della loro profondità ideologica. Vediamo per esemplificare questa tesi, uno dei casi piú tipici, il racconto della lite tra il Lenzetta e il fratello:

> « Il mattino dopo il Lenzetta scendendo in strada vide il fratello che lo stava a aspettare con la lambretta. "Sali," gli fece. Il Lenzetta locco locco obbedí e l'altro a tutta callara attraversò in mezzo al traffico del mattino presto la Maranella, tagliò pei vicoletti di Torpignattara, che in mezzo a quell'ora non ci si passava perché c'era il mercato, si lanciò a settanta all'ora verso il Mandrione, lo passò, e come uno scellerato arrivò all'Acqua Santa » (p. 126).

14 M. Mazzocchi Alemanni, in « Il Ponte », n. 1, gennaio 1956.

Come si può vedere il brano utilizza forme letterarie con una certa disinvoltura, fino ad esplicite scorrettezze ed anacoluti. Dal punto di vista sintattico, questi episodi « epici » hanno tutti una struttura molto semplice, in cui le frasi risultano giustapposte o accumulate su congiunzioni (paratassi). In realtà il discorso sull'articolazione sintattica coincide in gran parte con quello già formulato a proposito del lessico: passando dai luoghi in cui predomina il dialetto, a quelli descrittivo-lirici, possiamo individuare una corrispondente complicazione della costruzione dei periodi (aumento di subordinate). Soltanto negli inserti descrittivi Pasolini sceglie una forma sintattica piú complessa (ipotassi), sottolineando il diverso livello su cui si muove: è questo cioè un ulteriore segnale della maggiore profondità simbolica.

Cosí mentre il « bercio » gergale si condensa nell'icasticità di un'esclamazione, la descrizione in lingua si ramifica e si espande attraverso un fitto gioco di rimandi tra giustapposizioni e subordinazioni, formando una maglia di frasi quanto mai complessa, al limite della pronunciabilità e del respiro. Esempio tipico:

> « [...] mentre, sotto, tra arcate, sottopassaggi, portichetti, in stile novecento fascista, si stendevano sei o sette cortiletti interni, di vecchia terra battuta, con i resti di quelle che un tempo avrebbero dovuto essere le aiuole, tutti cosparsi di stracci e carte, in fondo all'imbuto delle pareti che si alzavano fino alla luna » (p. 232).

Questo periodo è composto da almeno cinque « frasi nucleari » recanti le informazioni da comunicare: queste frasi sono poi state aggregate e modificate da quelle che i linguisti chiamano « trasformazioni facoltative », per mezzo delle quali la serie è stata ridotta sotto la dipendenza di un solo verbo principale (« mentre... si stendevano ») coordinato al periodo precedente. L'esempio, se confrontato con altri, piú semplici, tipi di elencazione, può esaurientemente dimostrare come anche nella costruzione sintattica Pasolini si muova con una notevole varietà di scelte costruttive.

Questa varietà ci riporta a considerare, in conclusione,

l'atteggiamento sperimentale con cui l'autore combina nel testo i vari livelli di linguaggio affrontati. La scelta del bilinguismo lingua-dialetto ha infatti per Pasolini un preciso valore politico, come egli ha più volte sottolineato nei suoi saggi. Dal momento che il linguaggio « colto » è uno strumento di selezione e di riconoscimento per gli appartenenti alle classi egemoni, il romanziere di opposizione deve ricercare i linguaggi non « autorizzati », circoscritti in aree minori, e riprodurli sulla pagina con amor filologico. La contraddittorietà dei linguaggi diventa allora spia, forse anzi la spia privilegiata, di una contraddizione storica, delle differenziazioni e dei dislivelli tra le classi sociali, che gli intellettuali di parte borghese cercano in ogni modo di occultare col loro « unilinguismo » sublime. Tuttavia, secondo Pasolini, la frattura tra i codici verbali non è verificabile astrattamente: la sfiducia in ogni « posizionalismo ideologico » lo porta a teorizzare una adesione sentimentale alle realtà linguistiche (sui termini del dissidio *Passione-Ideologia*, abbastanza oscillanti nella storia culturale di Pasolini fino a oggi, si veda la raccolta di saggi che da tale dissidio prende il titolo).

Su queste basi, ritornando all'analisi di *Ragazzi di vita*, ci accorgiamo che, se i livelli linguistici sono fortemente differenziati, analogo è invece l'uso che ne viene fatto. Turpiloquio e squisitezze liriche ricoprono infatti la stessa funzione;[15] una funzione *emotiva*, di sorpresa, di *chok*, di suggestione. Sia che si tratti di suggerire con le battute del dialogo la condizione sociale inconsueta dei personaggi, oppure di suggerire le diramazioni simboliche della vicenda, gli elementi di « deviazione dalla norma » collegano la vibrazione passionale dell'autore con la vibrazione del lettore, stabilendo quindi un rapporto di co-movimento nel senso etimologico del termine.

Con ciò non si vuole negare che le scelte operate da Pasolini non possedessero una reale carica antagonista, e che la miscela non fosse agitata in alcuni punti così freneticamente da provocare esplosioni dirompenti. Lo stesso gergo borgatesco, da Pasolini tanto amorevolmente portato alla luce, era in quel momento bandito e cancellato da tutte le censure puritane della repubblica: e il romanzo

---

[15] Concordiamo qui con G. C. Ferretti, *op. cit.*, p. 230.

che ne faceva la spudorata esibizione teneva un comportamento inqualificabile nel mettere sulla piazza, e addirittura sotto il sacro segno dell'« Arte », qualcosa che sarebbe
stato piuttosto conveniente tacere. Cosí lo scandalo non
era tanto che in quel modo tanto miserabile si vivesse (né
ciò avrebbe potuto scandalizzare coloro che ne erano i
diretti responsabili) ma che in quel modo, cosí indecente,
si parlasse. Oggi, la denuncia « gridata » di Pasolini, ha
perduto, in qual senso, le sue forti valenze polemiche: per
ironia della sorte, o meglio per una evoluzione storica allora non preveduta, proprio il linguaggio turpi-eloquente
dei « malandri » sottoproletari è finito per essere vezzosa-
mente adoperato dalle giovani generazioni dell'alta borghesia, e dalle signore *à la page* dei salotti-bene.

Materiali e ideologia

Abbiamo finora proceduto a rilevare gli elementi evidenti ed immediatamente identificabili del testo pasoliniano,
accennando anche alle direzioni di ricerca che i fattori
presi in esame sembrano inequivocabilmente suggerire. Si
tratta ora di procedere ad un livello di analisi piú com-
plessivo, e ciò faremo presentando delle ipotesi verificabi-
li, cercando per quanto sarà possibile, di avanzare verso
la spiegazione piú esauriente, che risolva per lo meno *la
maggior parte* dei problemi imposti dalla decifrazione del
testo. Il nostro romanzo diventerà allora una metaforica
« cipolla » da sbucciare progressivamente alla ricerca delle strutture piú profonde.

Sulla scorta delle indicazioni che ci fornisce la critica,
il primo rapporto importante da istituire è quello col Naturalismo, il cui modello narrativo era stato rivitalizzato
nel dopoguerra dalla esperienza neorealista. Basandoci su
questo modello saremo allora chiamati a giudicare il *grado di verità* del romanzo, e piú esattamente di verità sociale: è verosimile ciò che si racconta? sarebbe potuto
accadere? esistono veramente i personaggi? Queste doman-
de fondano la verifica del testo da un punto di vista gros-
solanamente naturalistico; in realtà bisogna vedere piú
esattamente che cosa si intende per « naturalismo » e per
« realtà », altrimenti non è possibile stabilire la veridici-

tà del racconto. Confrontiamo allora alcune ipotesi che la critica ci offre sull'argomento.

Secondo Renato Barilli, sostenitore delle avanguardie, Pasolini appartiene all'area naturalista (ma ad essa viene attribuito un valore assolutamente negativo). La distinzione tra un *piano alto*, riservato all'autore, dal quale egli osserva le miserie dei personaggi disposti nel *piano basso*, non sarebbe altro che la riproduzione di un privilegio culturale di classe di cui anche gli intellettuali di sinistra non sanno privarsi. Cosí la denuncia di Pasolini sarebbe *vera*, questo sí, ma sarebbe inguaribilmente *vecchia*, cioè ancorata su schemi conoscitivi ottocenteschi ormai superati.[16]

Anche per il marxista Salinari, il romanzo di Pasolini può definirsi « naturalista », ed anch'egli usa tale termine in una accezione negativa (contrapposto a « realista »). Salinari utilizza la distinzione di Lukács tra « narrare » e « descrivere »: per rispecchiare la realtà, cioè, non basta riprodurre singoli oggetti in sé concreti, ma bisogna riprodurli in modo che risaltino i rapporti sociali generali che di questi oggetti particolari determinano l'esistenza. Sotto questo aspetto l'operazione di Pasolini appare troppo arresa alla registrazione passiva, priva di quell'intervento ideologico che solo è capace di rendere la sostanza sociale (la *tipicità*) dei fatti descritti. In altre parole l'ambiente delle borgate non viene spiegato nelle sue ragioni storico-politiche di fondo.[17]

Dal canto suo Asor Rosa ha formulato il suo giudizio sdoppiandone la prospettiva: cioè da un lato ha riconosciuto ai *Ragazzi* una innegabile « verisimiglianza sociologica »,[18] mentre dall'altro non gli pare sufficientemente conseguito il risultato poetico.

Come si vede nessun critico si è sognato di accusare Pasolini di falsità assoluta: certamente le borgate, la fame, il vizio, lo stesso gergo della « mala », sono cose che esistono, indipendentemente dalla pagina narrante. Effettiva-

[16] R. Barilli, *La barriera del naturalismo*, Milano, Mursia, 1964, pp. 173-176.
[17] C. Salinari, *Preludio e fine del realismo in Italia*, Napoli, Morano, 1967, pp. 55-59.
[18] A. Asor Rosa, *op. cit.*, p. 518.

mente Pasolini spinge la narrativa di tipo « naturalista » sulla sua ultima spiaggia. Egli è andato a scoprire l'oggetto compassionevole, il vivere indecoroso e inumano, gli ultimi *paria* della società. La denuncia aveva il suo valore contro il mito del progresso democratico e del cieco pietismo cristiano: all'Italia « ricostruita » lo scrittore andava irriverentemente ad alzare le vesti, per svelare « alle genti » le sue nefandezze piú riposte. Ovviamente questa missione di apostolo degli oppressi può avere specifiche somiglianze con quanto un po' di tempo addietro, già hanno fatto i vari Zola, Verga, ecc.: ma ciò piú che ad una arretratezza dell'intellettuale, va semmai addebitato all'arretratezza della società in cui ancora sussistono simili sacche di sottosviluppo.

Ma fino a che punto arriva questa tanto vantata obiettività nel romanzo di Pasolini? I critici, come abbiamo visto, gli hanno rimproverato una riproduzione troppo meccanica, come se l'autore si mantenesse impassibile dall'altra parte del suo obiettivo, nella pretesa che le cose parlino da sole. Noi sappiamo già che questa ipotesi va parzialmente modificata perché, a proposito del linguaggio, abbiamo visto che il filtro soggettivo dello scrittore rientra attraverso un certo uso della metafora e dell'aggettivo. Vale la pena però di condurre una breve verifica su quei brani in cui lo « sguardo » di Pasolini si mantiene, per cosí dire, spassionato, tanto da far parlare taluno (un po' sommariamente a dire il vero) di una parentela col francese, gelidissimo, « occhio » di Robbe-Grillet.

Piú che di impassibilità si deve parlare di prospettive parzializzanti che Pasolini assume in determinati casi. Può essere, come in questo esempio, una prospettiva di « campo lungo »:

> « Si vedeva che il Riccetto diceva di sí, e Alduccio diceva di no, il Riccetto diceva di sí, e Alduccio diceva di no. Dopo un pochetto però il Riccetto tornò di corsa e si vide Alduccio che riprendeva a spingere curvo tra le stanghe » (p. 139).

Oppure, altre volte, ci viene descritto un effetto (per esempio un rombo inconsueto o una risata) di cui soltanto in seguito ci viene spiegata la causa. Questi procedimenti di *suspense* straniante si producono facilmente quando lo scrittore si sottomette all'ottica particolare di uno dei personaggi. Cosí nel secondo capitolo noi sappiamo che è accaduto qualcosa di grave (anche se non sappiamo bene che cosa) mentre il protagonista, il Riccetto, che ritorna da Ostia, non sa ancora nulla. Allora lo vediamo aggirarsi nella baraonda delle ambulanze, dei poliziotti e della folla curiosa, senza riuscire a raccapezzarsi. Alla fine un passante rivela l'avvenuto crollo delle scuole. Questo procedimento di esplicazione progressiva darebbe ragione di un fatto: che cioè all'intellettuale borghese, la realtà sottoproletaria si presenta come un mondo oscuro e misterioso, di cui egli non conosce le leggi. Ma l'ignoto minaccioso e inquietante viene tradotto dallo scrittore in termini noti, nei termini della sua cultura; sia perché non può liberarsi *tout court* del suo *habitus* borghese, sia perché la denuncia stessa non deve rivolgersi agli oppressi, bensí agli oppressori (onde convincerli a cessare dalla oppressione medesima). Tra le metafore, spiccano alcuni palesi riferimenti letterari, per esempio biblici come quando Alduccio e il Begalone sono assimilati ad « Assalonne e Sansone » (p. 220), o ancora il Begalone appare nella posa di « un cristo deposto dalla croce » (p. 270).

Ma qualsiasi programma di obiettività assoluta viene sconfessato nel momento in cui lo scrittore riferisce non solo le parole e i gesti dei personaggi, ma addirittura i loro pensieri che nessuno potrebbe, a rigore, conoscere. I pensieri vengono riportati spesso col discorso indiretto libero, qualche volta tra virgolette, come le parole. Ecco un esempio che oscilla tra l'espressione esteriore e il cosiddetto « foro interiore »:

> « "Ce credo," pensò tra sé il Lenzetta. E forte:
> "Che l'accettate prima un goccio de vino, a sor maè? [...]" » (p. 140).

D'altronde, quasi tutti i narratori in terza persona hanno sempre assunto questo atteggiamento onnisciente che non a caso è stato definito *punto-di-vista-di-Dio*. A queste tecniche usuali, Pasolini aggiunge, ma di rado, degli interventi diretti, come se il burattinaio si affacciasse di sopra alla sua scena e ai suoi pupazzi, per commentare a sua volta gli eventi. Facciamo un'altra citazione:

« "E noi forse nun c'annamo a rubbà?" fece sempre per tirarla su di morale, con la sua solita delicatezza, il Lenzetta [...] » (p. 152).

Dove l'intenzione di « tirar su di morale » potrebbe anche essere un pensiero del personaggio interpretato dalla
sagacia di un osservatore, ma la frase seguente « con la
sua solita delicatezza » (commento ironico alla mancanza
di *savoir faire* del bulletto) non può venire pensata da nessuno dei presenti: è qui dunque l'autore, o se preferite
il testo stesso che parla, al di fuori delle trame e delle
maschere della vicenda.

Queste notazioni ci sembra gettino un ragionevole dubbio sulla imperturbabilità documentaria del romanzo pasoliniano. Piuttosto si tratterà di spostare il problema e di
vedere con quale tipo di ideologia interviene Pasolini, in
pratica qual è il discorso che egli svolge attraverso i fatti e gli ambienti descritti. E in questo senso puntava la
ricerca degli stessi Salinari e Asor Rosa.

Ora, se noi prendiamo il romanzo come ricostruzione
di una condizione sociale e denuncia della medesima, esso
presenta subito un evidente punto debole. Infatti il mondo pasoliniano non è semplicemente quello del sottoproletariato, ma più esattamente quello dei ragazzi e bambini
sottoproletari: gli adulti vengono respinti con connotazio-
ni negative, sono ubriachi, violenti, vanitosi, corruttori,
quasi facessero parte anche loro (malgrado la miseria e la
fame) del purulento mondo borghese. Dovremo concludere allora che c'è qualcosa in più (o in meno) di una pun-
tuale ricostruzione storica: che Pasolini sia alla ricerca
della verità condotto da un suo mito: la possibilità di
una « barbarie » ancora non infetta dalla ipocrisia e dalla
artificiosità del dominio capitalistico. Questa barbarie è una
specie di « stato di natura » che la società odierna sembra non possedere più: « la barbarie primitiva ha qualcosa di puro, di buono; la ferocia non vi appare che in rari
casi eccezionali. In ogni caso, più essa è primitiva, e meno è "interessata", calcolata, aggressiva, terrorista ».[19] I piccoli borgatari sono gli unici quindi, che ancora vivono con
spontaneità e vitalità non represse, al di fuori dell'aliena-

[19] J. Duflot, *op. cit.*, p. 94.

zione, in un completo e diretto godimento del proprio corpo. Giustamente Salinari ha notato che la storia dei *Ragazzi* si svolge del tutto al di fuori del mondo del lavoro.[20] Essi infatti vengono ritratti per lo piú in periodi di ozio o di attività illegale: anche quando alcuni di loro trovano un saltuario impiego, ciò viene comunicato indirettamente (e abbiamo visto che il Riccetto, non appena mette piede nel mondo « produttivo », viene privato della simpatia e delle prerogative del protagonista).

La ricerca di uno spiraglio che conduca fuori dell'alienazione a ricomporre l'unità perduta, risulta alla fine quanto mai costosa: il prezzo che Pasolini paga, nel romanzo, è la messa tra parentesi del meccanismo capitale-forza lavoro, che solo spiegherebbe la dinamica della disoccupazione e quindi delle realtà sottoproletarie. Spintosi alla ricerca dell'isola vergine (La Natura) Pasolini pare perdere i contatti (malgrado le reiterate adesioni in saggi e interviste) con la corretta ortodossía marxista. Non può sottrarsi, allora, agli strali critici del Ferretti che definisce la sua ideologia un « populismo evangelico-viscerale »,[21] con punte, possiamo aggiungere, anarcheggianti. Ma Pasolini non si sarà sorpreso di tali accuse: la sua volontà di scandalo non si rivolgeva solo al mondo cattolico, ma anche all'*establishment* comunista, alla burocrazia di partito. Sempre pronto, ieri come ancora oggi, ad una eterodossía a tutti i costi, Pasolini mostrava di misconoscere, comunque, i canali concreti della prassi rivoluzionaria: la stessa rivoluzione veniva allontanata in una prospettiva apocalittica, in un futuro avvento, prima del quale le si negava qualsiasi forma di presenza.

La storia, piú che fuori del romanzo, è tenuta lontana dalla coscienza dei personaggi; ce lo comunica tra le righe l'autore stesso:

« A un pelo dalle mura e dai villini tutti traforati come tombe di famiglia o pagode di stazioni balneari — che i ricchi s'erano costruiti al tempo di Mussolini quando il Riccetto non ne sapeva niente, come del resto non ne sapeva niente manco adesso ch'era al mondo — [...] » (pp. 131-132).

[20] C. Salinari, *op. cit.*, p. 59.
[21] G. C. Ferretti, *op. cit.*, p. 226.

La visuale complessiva rimane un privilegio dello scrittore che può farla emergere a suo piacere in certe tirate didattiche o nella caratterizzazione di alcuni personaggi.

Tuttavia a ben guardare, in questi casi, non tanto di storia esattamente si tratta, quanto piuttosto di cronaca. Potremmo modificare la definizione in questo modo: la « barbarie » pasoliniana non è fuori della storia, ma fuori della cronaca. Ma allora la storia, dove si trova? Ci pare che proprio il comportamento malandrino e spavaldo dei bulli di periferia, non sia affatto cosí spontaneo e fresco e immediato come verrebbe fatto di pensare, ma sia piuttosto « indotto », cioè copiato, ricalcato secondo modelli di comportamento virile imposti dall'alto. Certo resta da dimostrare che il potere sia cosí totalizzante da invadere anche gli infimi strati della società, e tanto diabolicamente da travestirsi da « Natura ». Ci pare incontestabile però che nessuno dei gesti e delle azioni compiute nel romanzo, raggiunge una vera e propria validità eversiva; sono al massimo rivolte sporadiche, che il potere reprime senza molta fatica, e che anzi in parte ha già preventivato come valvola di sfogo. In fondo, il furto in cui continuamente si cimentano i giovinottelli pasoliniani finisce per essere un omaggio devoto alla proprietà privata, considerata quale unico modo di distribuzione della ricchezza.

Proprio questa sorta di artificiosità, di deferenza imitativa, mette in crisi il mondo della « barbarie » che si rivela non-autonomo nel suo complesso. Pasolini stesso vede restringersi l'area del suo mito; e questo spiega i frequenti accenni alla maschera, alla parte da recitare, e soprattutto al trucco, quando i personaggi sono mostrati mentre compongono la loro fisionomia di fronte allo specchio (cfr. p. 50 e p. 208).

A un certo punto l'ideologia stessa del romanzo si mette in crisi da sé, e Pasolini risulta diviso in tre atteggiamenti fondamentali, tra proposta del mito, negazione del mito, e rimpianto nostalgico del mito medesimo. Quindi se ci si fermasse a una analisi dei contenuti ideologici appariscenti, bisognerebbe arrestarsi di fronte a questo dilemma, e concludere magari che non bisogna chiedere ai poeti delle idee troppo precise.

Chi vuole può naturalmente fermarsi qui. Tuttavia l'insufficienza di questa posizione è confermata anche se af-

frontiamo direttamente il problema ideologico principale
che è quello, come accennavamo sopra, del sentimentalismo (o « passione »). È l'atteggiamento programmatico
piú consueto in Pasolini: il rifiuto della fredda « ragione-
pragma » in favore di un caldo amore o, a seconda, di un
caldo odio, entrambi perdutamente disperati e furenti
(amore e/o odio diventano *tout court* « poesia »). Naturalmente lo scrittore deve costantemente sorvegliare la propria operazione per conservarne l'intensità emotiva, ma
non sempre può impedire che essa scada su intenerimenti e
lagrimosità di stampo tradizionale (p. es. nel finale del
romanzo). In quelle che Asor Rosa ha definito le « storie
strappalacrime »,[22] il nostro autore si lascia trasportare dal
suo *ethos* passionale, fino in una zona non molto distante
dal perbenismo ufficiale che intenderebbe combattere. È
chiaro che, quando si abbandona alla tenerezza, Pasolini
offre il fianco indifeso al sarcasmo non solo del cinico lettore odierno, ma anche della critica piú contemporanea al
romanzo, che ha avuto gioco a paragonarlo non solo a Pascoli,[23] ma addirittura a De Amicis.[24] Ora, se il
primo raffronto può essere accettabile (ed è verificabile
nell'attività poetica e saggistica del nostro), ci sembra invece che la definizione di *Ragazzi di vita* come *Cuore in
nero* (formulata da Cecchi) sia ingiusta ed assolutamente
ingiustificabile. Infatti non ci si deve scordare che l'intenerimento serve sempre da risvolto per il sentimento contrario, cioè la brutalità e la crudeltà senza ragione. Questa malvagità tanto piú è sconcertante, quanto piú è gratui-
ta e sadica. La mancanza di un codice morale ben definito è quindi una sorta di limbo in cui i personaggi vengono
relegati.

Di fronte a tali comportamenti il concetto consueto di
« bontà », sembra avvertire Pasolini, non è piú valido. Se
è vero che nel medesimo personaggio si possono rintrac-
ciare i gesti piú opposti: Marcello, ad esempio, lo vediamo prima rivolgersi con le parole « era cosí bello vedella
che se moriva! » (p. 27) al Riccetto che ha salvato la rondinella; poi lo ritroviamo nell'episodio del cagnoletto, ar-

[22] A. Asor Rosa, *op. cit.*, p. 519.
[23] G. Bàrberi-Squarotti, in « Il Verri », n. 1, febbraio 1960; e G. C.
Ferretti, *op. cit.*, p. 240.
[24] E. Cecchi, in « Corriere della Sera », 28 giugno 1955.

rossire timidamente per nascondere « gli slanci affettuosi che quello gli strappava dal cuore » (p. 52). Si dirà che, per quanto Marcello abbia già quattordici anni, è ancora un bambino, e che nei bambini queste ambivalenze affettive (cura/tortura degli animali) sono spiegabilissime.

Da qui possiamo trarre alcune deduzioni: primo, che Pasolini ha tentato di aprire una falla nella coerenza del personaggio del romanzo borghese, mediante una regressione (anche se giustificata sul fronte della verosimiglianza con una analoga regressione anagrafica); secondo, che la ambiguità ideologica in tal modo raggiunta ci invita ad indagare un livello collaterale, un contenuto latente e non esplicitamente espresso e che è costituito, come la regressione ci suggerisce, dal materiale psichico-simbolico. Prima però di verificare se davvero una analisi psicologica ci possa permettere di chiarire le contraddizioni della ideologia pasoliniana, vogliamo soffermarci a valutare piú estesamente le conclusioni che, sui *Ragazzi di vita*, ha portato Giancarlo Ferretti, il critico senz'altro piú attento in proposito. Al saggio di Ferretti abbiamo già accennato varie volte, trovandoci concordi: ed effettivamente il suo discorso sull'ideologia del romanzo ci pare ben documentato ed esauriente. È anche un discorso equilibratamente dialettico che non misconosce gli aspetti positivi della narrativa pasoliniana. Secondo Ferretti questi aspetti sono da ricondurre alla coscienza del dissidio mitologia-società, e in sostanza della irriducibilità del mondo storico a pura, idillica natura. Allora le « catastrofi » sarebbero lo strumento con cui il presente fa irruzione nel paradiso extra-temporale, provocando « una crisi del mito stesso e la presa di coscienza da parte dello scrittore di una disperata condizione di esistenza, di un inferno percorso da vane rivolte individuali, di un mondo popolare tragico ».[25] In questi frangenti drammatici la classe dominante getterebbe la maschera ed apparirebbe inequivocabilmente come responsabile delle sciagure del sottoproletariato. L'ipotesi di Ferretti mette l'accento su un aspetto molto importante, che è quello della crudeltà, espressa non solo nei fatti, ma anche nello stile. Riguardo alla « tragicità » bisogna però fare una precisazione. Abbiamo già visto, par-

[25] G. C. Ferretti, *op. cit.*, p. 246.

lando dell'intreccio, che queste sciagure improvvise servono principalmente a Pasolini per far compiere alla narrazione cambiamenti di luoghi o di personaggi, affinché la descrizione dell'ambiente non divenga ripetitiva e monotona: quindi questi sono i momenti piú convenzionali sia per la costruzione stilistica (caricamento di tensione), sia per il contenuto (commovente e moralistico). Non a caso Pasolini ricorre a questo strumento per finire il romanzo, perché avendo costruito un intreccio estremamente dispersivo e costellato, non gli si presentavano altre soluzioni plausibili; e non a caso, al contrario, in altri punti aveva preferito non eccedere negli effetti vistosi, dandoci notizia del dramma solo di scorcio, o addirittura per via indiretta.

Ma se guardiamo alla « tragicità » dal lato dell'invenzione, cioè del romanzesco, quella nozione di « crudeltà » ci viene apparendo sempre piú centrale: infatti uno scrittore che fa morire i suoi personaggi che cosa altro è se non un Dio capriccioso che colpisce con i suoi fulmini questa o quella delle sue inermi creature? La morte, si dirà, è il mezzo per mantenere una incorrotta purezza: ma non è un mezzo un po' *troppo* drastico? Qualcosa di *eccessivo* ci invita a dubitare ed a guardare con maggiore attenzione.

Ora, il fervore ideologico di Pasolini contro la borghesia ha indubbiamente profonde origini traumatiche, ed affiora in superficie nella coscienza della propria « diversità ». È logico che la « diversità » cambia aspetto a seconda del punto di vista: per la società il diverso è malato, per il diverso è malata la società. Il duello tra individuo e società sarebbe chiaramente impari, e l'individuo facilmente schiacciato, se il diverso non potesse a sua volta cercare una diversa società in cui non essere piú diverso, e che egli contrappone, allora, alla società che lo respinge. Su questa strada Pasolini incontra il mondo sottoproletario. Esso rappresenta il mondo sano, ancora capace di rapporti autentici con la natura, piú vicino alla vita di quanto non lo sia la borghesia decrepita e malata del suo stesso benessere. Abbiamo accennato prima che Pasolini erige tra i due gruppi sociali una sorta di « barriera linguistica »: ed infatti il suo schema funziona solo a patto che le classi siano tenute distinte come se fossero due opposti eserciti schierati l'uno contro l'altro. Ed in tal caso l'intellettuale, ancorché di estrazione borghese, potrebbe passa-

re le linee ed offrire i suoi servigi (la sua cultura, il suo
talento, il suo « stile ») da buon cavaliere senza macchia.
Ma siccome le cose non vanno proprio in questa maniera,
e cioè il sottoproletariato, nonostante le apparenze di universo chiuso e astorico, non è una società autonoma e in-
dipendente, allora la sanità recuperata si rovescia nuovamente in malattia, si mescola ambiguamente alla precarietà, all'esclusione, alla sfiducia.

D'altronde, se la vita nelle borgate fosse davvero sana e felice, la denuncia politica perderebbe il suo senso:
« beati voi! » commenterebbero sospirando i *managers* in-
dustriali condannati ai grattacieli di cemento, all'ipocrisia,
alla schiavitú del guadagno. C'è un episodio del romanzo
che esemplarmente ci indica l'oscillare della posizione pasoliniana: è quando il Riccetto ritorna a Monteverde, nei
luoghi della sua infanzia, e li trova mutati, non piú sel-
vaggi, ma tutti imbiancati ed asettici. Come accennavamo
trattando la vicenda e le sue strutture narrative, viene da
pensare che Pasolini preferisca il sottosviluppo al progresso; ma c'è progresso e progresso, risponderebbe lo scrittore, ed io accuso *un certo tipo* di evoluzione sociale che
distrugge le peculiarità culturali del popolo invece di in-
tegrarle armonicamente. Giustissimo: ma se consideriamo
attentamente l'episodio, vediamo che il dato principale è
la scomparsa della sporcizia, della « zella », che già Salinari ha indicato come centro ossessivo di molte descrizioni.[26]
La stessa attrazione/repulsione si può rinvenire nei confronti del vizio, della deformità e delle deviazioni sessuali.
Anche un medesimo personaggio può subire gli effetti di
questa ambiguità: cosí il Begalone che prima funge da
vero e proprio « ritratto della salute » rispetto al disgra-
ziato Piattoletta, e poi nell'ultimo capitolo assume la
squallida fisionomia di una prefigurazione della morte. Se
leggiamo di seguito i due brani avremo l'impressione di
non trovarci di fronte allo stesso individuo:

> « Era impossibile dare un'idea della differenza che
> c'era tra il Piattoletta e il Begalone. Con quell'oc-
> chi storti che c'aveva, lenticchioso e roscio, il Be-
> galone si poteva senza meno considerare lí il piú

[26] C. Salinari, *op. cit.*, p. 57.

dritto di tutta la cricca: e difatti ci si considerava, mica no, mentre senza nemmeno guardarlo, con aria paziente, acchiappava con la mano per il collo il Piattoletta. Capirai, aveva fatto nottata, metà appennicato al Salario e metà a Villa Borghese, tra paragule e frosci, o sui tram a borseggiare i micchi. Quell'altro lí invece era venuto a fiume dopo aver passato la mattinata con la nonna [...] » (p. 182).

« Il Begalone non la smetteva di tossire con dei raschi e delle espettorazioni che parevano botti dati con un mestolo dentro un bidone vuoto; la sua pelle gialla era coperta da una mano di rossore che nascondeva i cigolini; pareva che sul suo costato di crocefisso, anziché pelle normale, ci fosse attaccata della carne bollita » (pp. 266-267).

Anche nei casi di Amerigo e Genesio, gli unici personaggi che potrebbero farsi latori di nuovi valori,[27] la morte prematura viene a impedire che essi realizzino una concreta forma di opposizione. Quale che sia il sogno di rinnovamento che essi covano intimamente, non potrà esprimersi né entrare nell'area della coscienza.

Dunque la contraddizione tra vitalità e inibizione, l'ossessione dello sporco, il ribaltamento dei comportamenti spontanei in comportamenti nevrotici, simili, come dice altrove Pasolini, a quelli dei « reclusi nella stessa cella »,[28] autorizzano ad investigare al di sotto del desiderio di approvazione e di sintonia (la salute), una corrente di autopunizione o di esclusione narcisistica (la malattia). E già la regressione verso l'infanzia attuata programmaticamente dell'autore, porta in una posizione privilegiata all'emergere del materiale psichico rimosso, grazie a un allentamento delle censure che prevalgono nell'età adulta.

Prima però di seguire queste indicazioni per una interpretazione psicanalitica, dobbiamo, a scanso di equivoci, avanzare alcune premesse. In primo luogo non ci interessa minimamente psicanalizzare l'autore (cosa che può fare molto meglio un medico da lui prescelto), ma soltanto

[27] G. C. Ferretti, op. cit., p. 245.
[28] P. P. Pasolini, Alì dagli occhi azzurri, cit., p. 84.

portare alla luce alcuni materiali del lavoro letterario derivati da una base simbolico-psichica, i quali costituiscono reti di riferimenti semantici in grado di complicare ulteriormente la rete dei significati ideologici, di cui però non si vuole minimamente ridurre la validità. Quindi non si cercherà di stringere un cerchio risolutivo su di una esperienza passata o in atto (come farebbe uno psicoanalista), bensí di verificare nuovi percorsi e aggregazioni collaterali dei sensi nel romanzo.

Ci autorizza a questa discesa nei torbidi reami dell'inconscio, da un lato lo stesso entusiasmo di Pasolini che ha definito la sua lettura giovanile di Freud un « atto fondamentale »,[29] non solo, ma anche le indicazioni di vari critici. Tra gli altri, proprio uno dei compagni di « Officina », e cioè Gianni Scalia, ha parlato per *Ragazzi di vita* di un « nucleo di angoscia interiore » definibile coi termini psicanalitici di « fissazione », « trauma », « nevrosi ».[30]

Trauma centrale, che si può facilmente individuare in un rapporto edipico. Ci rendiamo conto che questa ipotesi si trova subito di fronte ad obiezioni di due tipi: la prima di un uso semplificato della dottrina psicoanalitica, la seconda di un uso altrettanto semplificato della biografia dell'autore. Per sgombrare il campo da ogni dubbio, cediamo la parola al romanzo, che piú chiaro non potrebbe parlare:

> « Genesio, fumando seriamente, se ne stette un po' zitto, poi fece ai fratelli: "Mo quanno che semo granni ammazzamo nostro padre."
> "Pure io," disse pronto Mariuccio.
> "Tutti e ttre assieme," confermò Genesio, "l'avemo da ammazzà! E poi se n'annamo a abbità da n'antra parte co' mamma." » (p. 261).

Il personaggio di Genesio è dunque privilegiato anche sul piano del contenuto latente che qui traspare con chiarezza. Nel caso invece del Riccetto si ha il fenomeno contrario: suo padre infatti è sempre assente dalla scena, an-

---

[29] M. David, *La psicoanalisi nella cultura italiana*, Torino, Boringhieri, 1966, p. 556.
[30] G. Scalia, *op. cit.*, p. 232.

che se viene talora nominato. Una omissione (potremmo dire una « rimozione ») altrettanto eloquente. Gli altri padri che invece appaiono nei vari episodi del romanzo, appartengono al tipo stereotipato dell'ubriacone dai tratti bestiali. Ma sono proprio gli animali (che fanno cosí spesso da specchio all'istintiva esistenza dei bambini) a riproporre, sotto mentite spoglie questa volta, il rapporto edipico.

Nel sesto capitolo c'è un episodio che non ha apparentemente nessun collegamento col resto della storia: Armandino, uno dei « pischelli » piú piccoli, aizza il suo cagnoletto Lupo (di nome) contro due cani lupi (di razza) maschio e femmina. Ora, sotto l'apparente aggressività, l'esibizione del cucciolo ha tutte le caratteristiche di un tentativo di *seduzione*, da cui infatti il maschio adulto rimane emarginato; tentativo che si conclude con un violento rifiuto da parte della cagna i cui morsi rabbiosi potrebbero ben simboleggiare una minaccia di *castrazione*.

La proibizione delle pulsioni libidiche si raddoppia quindi in « senso di colpa » e nell'auto-punizione dell'individuo stesso. Non a caso Genesio dopo aver pronunciato l'atto di guerra contro il padre viene colpito dalla piú fatale delle sciagure. Ma la scena della morte di Genesio non è d'altronde isolata nel *corpus* del romanzo: è invece l'ulteriore ripetizione di quella che potremmo definire la « scena primaria », rappresentante un relitto travolto dall'acqua. Riconosciamo la stessa scena nelle successive trasformazioni: la cassetta trasportata sul Tevere (p. 11); la barca (p. 22); la rondinella (p. 27); la fuga di Amerigo (p. 114); il bagno di Alduccio e del Begalone nella fontana (p. 221). Se necessita qualche altra pezza d'appoggio noteremo che nella prima stesura del capitolo iniziale (quella del '51 su « Paragone ») l'episodio della barca noleggiata aveva una descrizione piú ampia che sottolineava la posizione del Riccetto, steso sul fondo del natante, da cui non vedeva piú le rive « immaginandosi di essere in mezzo a una distesa immensa d'acqua, nel cuore del mare ». Queste parole sono state soppresse, nell'edizione definitiva, forse proprio perché troppo chiare nello svelare il simbolismo della scena. L'acqua infatti, come pure il legno (sia della barca, sia delle cassette) è, nel linguaggio onirico, un evidente simbolo materno: cioè la

regressione operata dalla nevrosi si condenserebbe attorno
a una fantasia intrauterina del ritorno al seno materno.
Tale regressione noi sappiamo che fin dalle costruzioni mi-
tiche piú antiche, è realizzata con l'immagine dell'« ingoia-
mento » da parte di qualche animale miracoloso; qui con
una semplice trasposizione semantica, l'eroe viene « inghiot-
tito » dalle acque.

Però anche il senso della morte finale di Genesio, potrebbe non essere quello letterale: infatti i simboli, nella
psicoanalisi, si interpretano spesso col loro opposto. Allora, « cadere nell'acqua » potrebbe equivalere ad uscirne
fuori, ovvero, una volta ammesso che l'acqua è la madre,
a « nascere ». Se accettiamo questa interpretazione, la na-
scita è l'evento tragico che, fin dall'inizio del romanzo,
viene inseguito, riconosciuto e rimpianto.

La regressione nevrotica procede in vari gradi, fra cui
una tappa assai importante è segnata dall'esibizione dell'e-
scremento. L'episodio del furto dei cavolfiori è in questo
senso emblematico: qui i tre personaggi (il Riccetto, il Lenzetta e il sor Antonio) abbandonano sul luogo del misfatto
quel *grumus merdae* che vuol essere compensazione ludi-
co-derisoria degli ortaggi asportati. Tutta l'operazione si
svolge poi sotto la candida luce della luna, metaforica-
mente paragonata a un « sederino d'argento » (p. 145).

Ma bisogna stare bene attenti a una cosa: la struttura-
zione dei simboli non avviene soltanto nella direzione in-
dicata (cioè *verso* la regressione) ma anche, e spesso, nel
senso opposto (altrimenti, senza due forze in lotta tra loro non si originerebbe mai una storia). Col rifiuto narci-
sistico della regressione, possiamo forse spiegare la fobía
piú lampante di tutto il testo pasoliniano che è quella degli « interni ». Come mai, ci si domanda, la storia dei ragazzi di vita si svolge tutta *fuori*, all'aperto, e quasi mai
invece nelle loro abitazioni? Cosí quando i suoi protagonisti finiscono in galera, Pasolini se la cava saltando a piè
pari il periodo della detenzione (che gli avrebbe offerto il
destro per una piú toccante critica sociale). Nel linguaggio del sogno, la stanza rappresenta spesso la donna: la
rimozione degli interni potrebbe fare allora da *pendent*
simbolico alla rimozione dei personaggi femminili, che infatti nel romanzo non riescono mai a raggiungere spessore figurativo o interesse affettivo.

Tanto piú clamorosa risulta allora la fuga da ciò che è femminile, debole e sottomesso, quanto piú è radicale l'impotenza reale degli individui. L'aggressività e il cinismo sono il travestimento del loro contrario, quella che chiameremo, per dirla con Adler, una « protesta virile ». In tal senso esemplare è la tragica conclusione del settimo capitolo, quando Alduccio, dopo aver fallito la prova al bordello, cade in una tragica depressione e se ne riscuote solo con un gesto compensatorio, cioè colpendo la madre con un coltello.

Ci pare che a questo punto il nostro approccio psicoanalitico (seppur assai schematico per ragioni di spazio) sia comunque valso a spiegare le contraddizioni piú invincibili in cui ci eravamo imbattuti: quelle tra sanità e malattia, aggressività e paternalismo, vitalità e angoscia. Proprio l'ottica del mondo infantile porterebbe Pasolini piú facilmente a contatto col mondo nascosto dell'inconscio: e l'inconscio, ci dice Freud, è il luogo dove non esistono i « no » e dove i contrari coincidono. Però la psicoanalisi ci avverte pure che i suoi simboli non hanno alcun valore preciso se non sono inseriti in un *contesto* particolare: nel nostro caso si tratta allora di vedere, dopo aver tessuto queste reti di significati ideologici e psichici, in base a quali strutture essi vanno disponendosi nel *farsi* del testo pasoliniano.

Prima di avanzare questa indicazione, chiediamo ancora un suggerimento alla critica. Ci risponde questa volta Franco Fortini, anche lui a suo tempo collaboratore di « Officina »; dice dunque Fortini nel saggio su « Comunità »: « Non a caso gli episodi piú lunghi — di vera lunghezza, e quindi di vero tempo narrativo — sono quelli notturni. Questa intenzionale deformazione, questo assurdo sfaldarsi del tempo cronologico ha dei precedenti letterari [...] In simili notti succedono molte cose, ma in realtà nulla di decisivo; anzi il fatto macroscopico, è respinto alla fine [...] Se fosse possibile sarebbe rimandato ancora oltre, sospeso nel vuoto ».[31] La notte si contrappone al giorno per il mutamento del ritmo narrativo che si fa sempre piú veloce, verso il parossismo. Infatti alla *luce* corrisponde la staticità, l'inerzia, l'ingenuità, mentre al so-

---

[31] F. Fortini, *cit.*

pravvenire delle *tenebre*, la materia recupera tutta la sua
energia cinetica e prevalgono il movimento, la concitazio-
ne, la furbizia. La tensione si carica fino al ribaltamento
dell'ordine cronologico normale, consumato nell'epica nottata del quinto capitolo, ove l'avventura finisce, invece che
col tramontare, col sorgere del sole (p. 157). Nella parte
centrale del romanzo si verifica una specie di dissociazione
tra il tempo della lettura e il tempo del racconto. La verosimiglianza difatti vorrebbe che la notte fosse rappresentata in stringata brevità, dato che la sua funzione rispetto al mondo produttivo è soltanto subalterna, di riposo e
di ricaricamento delle energie. Poiché in questa logica,
il tempo è danaro, il sonno, e in generale l'attività notturna, hanno anche cronologicamente valenza *zero* nel bilancio dell'azienda sociale. Se non fosse in gioco la ne-
cessaria sopravvivenza della forza-lavoro, si tratterebbe,
né piú né meno, di tempo sprecato. Qui invece la notte è
un periodo di attività, ma si tratta di attività dolosa, che
tende a *sperperare* ciò che l'operosità ha capitalizzato durante il giorno. Le mosse degli abitatori della notte vanno perciò controllate: e infatti, nella struttura del romanzo, gli episodi notturni sono inquadrati, circondati e deli-
mitati dalla chiarezza di quelli diurni. Per quanto attrat-
to dalle direzioni piú oscure, Pasolini rifiuta di disperdere
o di annullare il suo messaggio e lo condensa in una morale finale (nocciolo o succo della storia) col suo epilogo
tragico.
    Alla fine, cioè, gli opposti tra loro irrelati devono torna-
re identici, o in altre parole, all'antitesi deve seguire la
sintesi.[32] Abbiamo già visto a proposito del linguaggio che
descrizioni liriche ed esclamazioni gergali risultavano avere la stessa funzione espressiva. Piú in generale si può dire che l'intellettuale decadente e il diseredato sottoproletario si riconoscono uguali nel loro rifiuto delle forme co-
stituite del mondo borghese. Sia il linguaggio del poeta
che il gergo dei ragazzi di vita sono capaci di esprimere
direttamente ed immediatamente la passionalità interiore
del soggetto parlante: sono allora *al di qua* della comuni-
cazione ufficiale, mistificante ed alienata. In pratica la poesia è la forza catartica che consente di scavalcare le con-

[32] G. Scalia, *op. cit.*, p. 233.

traddizioni di classe, di fare della malattia una forma di salute, e dell'inutile una forma di utilità. È il segno che permette il *riconoscimento* anche da parte degli stessi oppressori (proprio perché l'arte e la poesia sono valori affermati anche e soprattutto dalla società borghese).

In altri termini, di fronte a un potere ipostatizzato come un mostro onnivoro e invariabile in sé, si presenta una unica prospettiva di evasione, quella verso l'utopia di una barbarie estetizzante, anch'essa, come il potere, extra-storica: ciò che è da *sempre* ai margini, e che distruggerà *domani* le tronfie conquiste della inumana civiltà. Fuga verso il futuro e fuga verso il passato coincidono.

Tuttavia il valore di queste posizioni non è rilevabile in astratto, fuori dal contesto in cui Pasolini si è trovato ad operare. Il modello di romanzo da lui assunto è quello del romanzo che potremmo chiamare « verista » o zoliano. Ma all'interno di questo canone egli ha apportato non pochi e non sottovalutabili sommovimenti. Riassumiamo i risultati della nostra indagine: innanzitutto il protagonista-eroe viene sostituito e tolto brutalmente di scena (con grave scorno del lettore tradizionale per il quale tale eliminazione è poco meno che un omicidio). Il risvolto morale dei personaggi, che consente di catalogarli di primo acchito in « buoni » e « cattivi », viene reso estremamente ambiguo, e i personaggi stessi ridotti a semplici figure interscambiabili. L'uso esasperato del dialetto comporta un predominio del particolare e del non-significante, a scapito delle meccaniche generalizzazioni ideologiche; inoltre la scelta assolutamente pre-linguistica dei contenuti, lascia il posto a una scelta ambivalente, di contenuto e di linguaggio insieme. L'ottica infantile rende poi trasparente l'emersione di contenuti simbolici che possano addirittura rovesciare la rete dei referenti.

Queste che abbiamo elencato sono le caratteristiche piú importanti dello sperimentalismo pasoliniano, che si attua appunto attraverso una sovrapposizione di livelli e di codici tale da non rendere piú facilmente degustabile l'opera: essa si presenta d'altro canto già intenzionalmente come un'opera « indigesta ». La struttura dell'inversione ritmica nella trasposizione temporale (rallentamenti e accelerazioni della vicenda) è l'asse principale su cui si dispongono i vari tipi di complicazioni, simboliche e sin-

tattiche. Gli inserti che abbiamo chiamato di « epica popolare » ci hanno mostrato un uso quasi esclusivamente
materiale dei luoghi comuni romanzeschi (e quindi un uso
impreciso, spostato, critico-straniante). Cosí l'ordinato svolgersi della verosimile distribuzione narrativa è inceppato
da una confusione che ha posto il testo in stato di pericolo e ha messo in forse il luminoso disvelamento finale.
La unidimensionalità della *pittura*, massimo traguardo del
racconto naturalistico (rispecchiamento statico di un oggetto immobile), comincia in questo romanzo ad alterarsi ed
a movimentarsi in direzione del *teatro* (cioè il linguaggio
inteso come spettacolo). A partire dalla coscienza delle
aporie dell'eroico periodo neo-realista, Pasolini con le sue
rabbie, le sue violente idiosincrasie, apriva la strada ad un
piú vasto e complesso discorso sulle possibilità attuali della scrittura. Logico che questo momento di passaggio con-
tenesse, con molte scorie precedenti, incertezze e problemi
irrisolti. Ma l'ibridismo era un prezzo necessario, allora,
nell'anno 1955. A chi volesse rinfacciargli oggi la non-
conclusività e l'impurità di quell'esperimento, Pasolini ha
già risposto assai bene con i versi di una sua poesia:

> Tutti si giurano puri:
> puri nella lingua... naturalmente:
> segno che l'anima è sporca.[33]

PAGINE SCELTE DALLA CRITICA

Cuore in nero (Emilio Cecchi)[34]

[...] Pier Paolo Pasolini esordisce come narratore con
un libro *Ragazzi di vita* (Edit. Garzanti, Milano), di otto
lunghi racconti ove circolano, scompaiono, e tornano ad
incontrarsi in svariate situazioni, ragazzi e giovanottelli
dei bassifondi romani. Sono otto storie di loro amorazzi e
loro feroci passatempi; e delle imprese giornaliere: truffe,
ruberie ed altre malefatte con cui cercano di levarsi la fa-

---

[33] P. P. Pasolini, *La reazione stilistica*, in *La religione del mio tempo*,
Milano, Garzanti, 1961.
[34] Emilio Cecchi, *Romanzi e novelle*, in « Corriere della Sera », 28
giugno 1955.

me. E i loro dialoghi, le loro altercazioni in dialetto romanesco si inseriscono in una trama narrativa fortemente insaporita di parole e di frasi in quel dialetto medesimo; un po' all'uso di quanto C. E. Gadda già fece col dialetto lombardo nell'*Adalgisa*, e poi col romanesco nel *Pasticciaccio brutto de via Merulana*. Questo bilinguismo, friulano e romanesco, cui va ad aggiungersi l'amalgama dell'italiano, mi sembra che indichi, nel Pasolini, insieme ad altre cose, una forte prevalenza del fondo letterario, intellettualistico ed estetizzante. Tipicamente intellettualistica, riferendoci qui soprattutto a *Ragazzi di vita*, è l'esagerazione con cui sono presentate la sfrenatezza e la barbarie di quelle esistenze miserande. Pasolini carica i fatti fino al grottesco e ripugnante; si dà al turpiloquio, per paura di essere preso per un letterato. Ed è proprio cosí che piú lo diventa.

Una dimensione non naturalistica (Franco Fortini)[35]

[...] Oggetto del libro è la vita dei ragazzi e dei giovani miserabili e bulli delle borgate romane; fame, violenza e sesso. Racconti situati, cronologicamente, fra il primo dopoguerra e i giorni nostri e legati l'uno all'altro da una leggera continuità di personaggi e di luoghi. L'assunto stilistico — contaminazione di dialetto e di lingua nella voce narrante, dialetto e gergo nei dialoghi — comincia naturalistico e finisce lirico. Voglio dire che da principio il lettore è accompagnato in un cinerama che vuol dare l'illusione della fisicità, del come-vero [...]. Ma poi, a poco a poco, l'incanto riesce e l'insistenza vince: i piani linguistici si confondono in una dimensione non naturalistica, che è il tempo di quelle vite, il tempo d'anima, creato attraverso la casualità degli incontri, i vagabondaggi, l'estenuazione fisiologica, la terribile mancanza di finalità, e insomma di volontà, di quelle esistenze. Non a caso gli episodi piú lunghi — di vera lunghezza e quindi di vero tempo narrativo — sono quelli notturni. Questa intenzionale deformazione, questo assurdo sfaldarsi del tempo cronologico ha dei precedenti letterari, e qui la citazione

[35] Franco Fortini, *Tre narratori*, in «Comunità», giugno 1955.

è d'obbligo, sono le notti di Dostoevskij, quella dell'*Ulisse*, fino ai dialoghi di carcerati e di barboni, in Gênet e in Beckett. In simili notti succedono molte cose, ma in realtà nulla di decisivo; anzi il fatto macroscopico è respinto alla fine. [...]

Il regresso nel mondo subumano (Muzio Mazzocchi Alemanni)[36]

[...] A questo mondo abbietto e informe, a questa zona subalterna, a questo margine della vita sociale dove la consuetudine e la legge morale (d'una morale, per intenderci, borghese) si sgretolano e si spappolano quando addirittura non si pongano che, unicamente, come antitesi o cifra intraducibile nel movimento fisiologico del gruppo e dell'individuo, nel brulichio verminoso dell'esistenza subita e, al piú, appetita nella elementare spinta del sesso, Pasolini non tanto si è accostato con l'intento della comprensione critica e del giudizio, quanto piuttosto abbandonato in un tentativo di confusione e di imitazione linguistica che (se pure a cercare il pelo nell'uovo, e non lo cerchiamo, non appaia, in tutti i casi, convincentissima) basterebbe a dimostrare, da sola, la ricchezza di mestiere dello scrittore. Il quale si fa, egli stesso, in quanto parlante, complice di quella vicenda (di quella *non vicenda*) dal momento che ha rinunziato ad esserne lo storico, il testimone distaccato, il giudice.

C'è alla base di questo tentativo — pur accanto a diversi motivi — un'esigenza tutt'altro che trascurabile e di natura, evidentemente, non solo stilistica. L'esigenza, riconoscibile spesso nel paesaggio della prosa contemporanea, di rompere gli schemi espressivi tradizionali, le cristallizzazioni letterarie di una cultura sostanzialmente borghese nel suo farsi interprete di una società che non le appartiene se non come vittima; esigenza che nasce oltretutto da un complesso di colpa, di storica colpa, da scontare, appunto, col *regresso* nella zona subalterna, con la volontaria discesa agli Inferi. [...]

[36] Muzio Mazzocchi Alemanni, *Pier Paolo Pasolini e il linguaggio narrativo*, in « Il Ponte » n. 1, genanio 1956.

I moduli espressivi (Piero Pucci)[37]

[...] Il gergo dialettale dei pischelli pasoliniani è pressoché filologicamente esatto, come registrato da un dialettologo; ma evidentemente le forme in sé non costituiscono un dialogo, ma soltanto il materiale bruto per esprimere e rappresentare dei sentimenti. Ora, il dialogo dei ragazzini pasoliniani pare costruito con l'intenzione di rappresentare con il loro bercio lungo e continuato il loro modo impudente e orgoglioso di affrontare la vita, perché l'imprecazione e l'offesa sono i moduli e i temi del dialogo. Essi sono espressivi, nella loro estrema aridità, di tutti i sentimenti, i moti di spirito, le propensioni d'animo dei suoi personaggi.

[...] Trascrizione dialettologica che dimostra l'origine letteraria dei suoi personaggi, e la mancanza di una loro esistenza reale. Il dialogato è la parte meno riuscita del romanzo proprio perché il sentimento e l'atteggiamento lirico dovevano cedere alla creazione realistica; ma il dialetto in sé non traduce in chiave realistico-narrativa i miti poetici, le impressioni e i sentimenti pur reali, se questi non son già diventati materia narrativa, cioè personaggi, volti e figure concreti e veri nella fantasia dello scrittore.

Il travaso del Pasolini stesso nei suoi personaggi è invece riuscito in sede descrittiva. È quando descrive i suoi personaggi, ossia se stesso, a zonzo per la città, in mute passeggiate per la Roma suburbana, sotto il sole, fra le immondizie, in una immersione viva nel brulichío caldo ed animale della gente delle borgate, e ricrea con queste immagini il fantasma poetico che raggiunge maggior forza espressiva. [...]

L'angelo delle borgate (Angelo Guglielmi)[38]

[...] Ci consta che quando uscí *Ragazzi di vita*, un gruppo di giovani bolognesi, di cui anche noi facevamo parte, per circa una ventina di giorni, per gioco, si ribattezzarono secondo i nomi dei personaggi del romanzo pasolinia-

[37] Piero Pucci, *Lingua e dialetto in Pasolini e in Gadda*, in «Società», n. 2, marzo 1958.
[38] Angelo Guglielmi, *Pasolini maestro di vita*, in «Il Verri», n. 3, giugno 1960.

no, divertendosi ad apostrofarsi con lo stesso linguaggio di quelli, tanto piú esasperato in quanto pronunciato da nordici, in cui le inflessioni romanesche non possono non acquistare un carattere particolarmente stridulo. Si trattava sostanzialmente di un fenomeno di vitellonismo o meglio di imitazione di esso: ma era anche, a ripensarci, l'unica maniera in cui riuscivamo a reagire al libro di Pasolini. Con questo si vuole accennare al fatto che i libri di Pasolini, piú che intrigare intellettualmente, suscitano, nel lettore, tendenze imitative mettendogli a disposizione, in forme immediatamente accessibili, dei veri e propri stampi di comportamento, alcuni facili atteggiamenti sentimentali, un linguaggio che, grazie ai suoi contenuti caricaturali, pare volerci convincere, maliziosamente, a *nous s'en passer* dei pudori e delle difficoltà della conversazione. Diciamo subito che un rapporto di questo genere tra autore e lettore è per se stesso vizioso: a un livello piú basso, lo stesso rapporto possiamo riscontrare tra il pubblico e la letteratura di rotocalco. [...]

Il mito decadente del primitivo (Carlo Salinari)[39]

[...] Un altro fenomeno di grande interesse, perché prende l'avvio da un'esigenza schiettamente realistica, ma approda a risultati opposti, è quello che potremmo chiamare per intenderci naturalistico, senza voler con questo fare alcun riferimento né al naturalismo come storicamente si è manifestato alla fine del secolo scorso, né a una sua nozione generale o astratta. Per spiegarmi meglio, mi riferirò a un romanzo che, per il suo successo, per le innegabili qualità dell'autore e per il fatto di rappresentare quasi un caso limite, può essere preso come esempio di tutta una corrente. Alludo al romanzo *Ragazzi di vita* di Pier Paolo Pasolini. L'assunto del libro è di fornire una rappresentazione veritiera del sottoproletariato delle borgate romane. Attraverso alcuni momenti della vita di un gruppo di *bulli*, il Riccetto, Marcello, il Lenzetta, Alduccio, il Caciotta, il Begalone, ed altri, ci vengono dinanzi agli occhi i paesaggi squallidi della periferia, Pietralata, Gordia-

[39] Carlo Salinari, da *La questione del realismo*, Firenze, Parenti, 1960, pp. 57-62.

ni, Primavalle, Donna Olimpia e le strane fisionomie di
questi ragazzi, ladruncoli ma sempre affamati, corrotti ma
generosi, spavaldi e timidi, *scafatissimi* e ingenui, spensierati e insoddisfatti. La città esercita su di loro un fascino irresistibile ed essi vi si muovono, per giorni e notti
intere, con un vagabondare inquieto e senza scopo, ai margini di ogni legge e di ogni consuetudine civile, insidiati
dai pederasti o a caccia di donne, contenti della piccola
truffa o del piccolo furto che permetta loro di vivere senza pensieri per un giorno o due. Tuttavia il libro, apparentemente fedele alla verità nella sua cronaca, è fondato
su alcuni equivoci. Innanzi tutto l'equivoco del linguaggio.
Pasolini ha ritenuto di dover usare largamente, per descrivere questo mondo, il dialetto di Roma. Il quale non si
trova solo sulla bocca dei personaggi, ma trasborda in
tutta la costruzione linguistica del romanzo. Si ha cosí
un impasto linguistico, che pone alla sua base il romanesco, in un piano intermedio la traduzione italiana del dialetto e alla vetta forme abbastanza raffinate di linguaggio
tradizionale. Si è voluto ricordare per Pasolini il modello di Carlo Emilio Gadda e già nel modello si potrebbe
rilevare quanto spesso la trascrizione dialettale o la com-
plicata costruzione stilistica portino a un preziosismo un
po' stucchevole. Ma in Pasolini il dialetto occupa uno spazio ancora maggiore e diviene invadente, eccessivo, sbraca-
to e toglie il respiro al lettore con la sua esuberanza. [...]
    Alla base di questo linguaggio non v'è il dialetto roma-
nesco in tutta la sua complessità e ricchezza: ma solo un
aspetto di esso, quello piú sguaiato e malandrino, il gergo della malavita, la tecnica dell'insulto, una sorta di linguaggio allusivo con cui ci si intende in una cerchia ben
determinata di bulli. Questo gergo, il dialetto preso nelle
sue voci piú allusive, non è un linguaggio adatto al racconto: può essere solo l'elemento d'un gioco letterario, fatto di ammiccamenti a un ristretto circolo d'iniziati, di
intarsi sapienti quanto sterili. L'apparente verismo di parole o frasi come *abbioccato, allaccato, arzà porvere, araz-
zato, carubba, paragulo, li mortacci, vafan...*, nasconde
un gusto letterario tipicamente formalista e decadente.
    Ciò non avviene a caso, perché l'equivoco linguistico è
soltanto la spia di un equivoco piú grosso. Pasolini sceglie
apparentemente come argomento il mondo del sottoprole-

tariato romano, ma appunta il suo interesse — con un gusto quasi morboso — sugli aspetti piú sporchi, abbietti, sordidi, scomposti e torbidi di quel mondo. Il fango, la sporcizia, la polvere, la *zella*, dominano in tutte le sue pagine; il grasso, il sudore, i cattivi odori, la impudicizia ne sono il condimento. [...]

L'elemento dominante, cioè, è quel puzzo, quella sporcizia fisica e morale. È facile qui parlare di naturalismo e scorgere il filo rosso che lega l'equivoco linguistico con l'equivoco del contenuto: è facile scorgere sotto il falso verismo delle parole il torbido dell'ispirazione. Ma se ci fermassimo a questo punto non avremmo scavato abbastanza, non saremmo arrivati alla matrice sia delle parole che del contenuto, all'asse ideologico dell'ispirazione del Pasolini. In polemica con alcuni critici della sua opera, egli chiarí, alcuni anni or sono, il suo punto di vista, accusando quei critici di coazione teorica derivante dalla convinzione che una letteratura realistica dovesse fondarsi sul *prospettivismo*, cioè sulla pretesa, che in una società come la nostra « si dovrebbe semplicisticamente rimuovere in nome di una salute vista in prospettiva, anticipata, coatta, lo stato di dolore, di crisi, di divisione ».[40] [...]

Giungiamo cosí al fondo della questione. Il contenuto e la forma della narrativa di Pasolini trovano la loro spiegazione nei limiti del rispecchiamento della realtà nella sua coscienza, nella deformazione a cui la realtà è sottoposta in quel rispecchiamento, nell'inadeguatezza della sua ideologia. Togliete al mondo che ci circonda e al popolo l'elemento tipico del lavoro e della coscienza che ne consegue e avrete l'inferno della società moderna ridotto alla semplice rappresentazione del brutto e del vizioso, avrete un popolo ridotto a semplice natura ed istinto e non potrete sfuggire all'inevitabile fascino del mito decadente del primitivo, dello spontaneo, dell'immediato.

La vocazione traumatica (Alberto Asor Rosa)[41]

[...] La forma stessa del libro è saggistica. Il fatto stesso che manchi una storia centrale (il Riccetto è solo uno dei

[40] P. P. Pasolini, *Le ceneri di Gramsci*, Milano, Garzanti, 1957, p. 142.
[41] Alberto Asor Rosa, *Scrittori e popolo*, Roma, Samonà e Savelli, 1964, pp. 510-520.

tanti ragazzi di vita: in alcuni capitoli diventa un personaggio secondario) autorizza questa impressione. Ma sag-
gistico è l'andamento di molti brani, in cui viene descrit-
ta, con la precisione di un folklorista appena un poco rav-
vivata dall'intarsio sapiente di lessico dialettale e semi-
dialettale, la vita delle borgate e dei quartieri popolari romani. [...]

Vogliamo dire, in altri termini, che *Ragazzi di vita* appare costruito in maniera evidente con i materiali di una
rilevazione scientifica condotta sugli usi e costumi del
popolo romano, in particolare del sottoproletariato di borgata. Pier Paolo Pasolini, venuto di fuori con ottime co-
gnizioni filologiche e linguistiche, ma straniero in fondo a
questo ambiente, che pure lo affascina e lo attrae irresi-
stibilmente, non può al primo approccio tentare quel tanto desiderato processo d'immedesimazione dell'io nell'oggetto, senza ricorrere a strumenti di ordine più culturale
che poetico. Si verifica così in *Ragazzi di vita* il caso sin-
golare di una sincera vocazione traumatica verso il subumano, che si traduce nella freddezza inerte d'un lavorio
entomologico, di un procedimento narrativo tutto costruito ed artificiale.

Chi lo volesse, potrebbe ripercorrere, pagina per pagina, episodio per episodio, la minuziosa opera di raccogli-
tore linguistico di Pasolini, che, taccuino in tasca, va di
borgata in borgata, di strada in strada, alla ricerca dei ragazzi di vita, dei loro padri e delle loro madri, colloquia,
scherza, ride con loro, e nel frattempo accuratamente *li
studia*. Ecco una piccola antologia, riguardante solo gesti
e atteggiamenti tipici di questi personaggi sottoproletari,
da cui risulta lampante l'origine semiscientifica (ma assolutamente inerte poeticamente) di un simile metodo di ricerca: « Il Riccetto tornò a urtargli il gomito, con aria
stizzita, facendogli un gesto con la mano come per dirgli:
"Embè, che famo?" »;[42] « [...] scattò Giggetto allungan-
do un braccio con la mano aperta verso di loro come per
mostrare quant'era indegno il loro comportamento »;[43] « se
li guardavano con la coda dell'occhio come per dire:
"Ammazza quanto so' gajardi" »;[44] « "An vedi questo", gli

[42] *Ragazzi di vita*, cit., p. 13.
[43] *Ivi*, p. 15.
[44] *Ibid.*

rispose vibrante Marcello, stendendo verso di lui la mano aperta, come aveva fatto poco prima Giggetto con loro »;[45] « [...] proseguí il discorso scuotendo la mano con l'indice e il pollice tesi »;[46] « [...] Nadia s'accostò con un sorriso, tutta vergognosa, tenendosi una mano contro la scollatura della vestaglia e l'altra allungata verso di loro »;[47] « Si alzò all'impiedi, e ondeggiando indietro e avanti, fece una specie di ragionamento tutto coi gesti, portò due tre volte la mano dall'altezza del petto all'altezza del naso, poi fece con le dita una piroetta come per indicare un'idea tutta sua che gli passava per la capa [...] ».[48]

Anche i singoli personaggi sono costruiti tassello su tassello intorno ad un lavorio di questo genere. Tipicissimo da questo punto di vista è Amerigo, il delinquente forte e violento di Pietralata: « Teneva il bavero della giacca rialzato, la faccia era verde sotto i ricci impiastricciati di polvere, e i grossi occhi marroni che fissavano invetriti. Strinse la mano forte, senza parere, come se non ci fosse il minimo dubbio, tra loro, ch'erano tutt'e due dei dritti »:[49] dove, nella descrizione dei tratti esteriori, s'innesta il sottinteso psicologico, anch'esso derivato da un'osservazione tipologica seriamente condotta. Man mano che si va avanti, questi tratti meccanici diventano sempre piú appariscenti: « Amerigo saltò giú dal predellino molleggiandosi sulle gambe, con un passetto da palestra, senza sfilare le mani dalla saccoccia dei calzoni [...] »; « [...] camminava mettendo un piede davanti all'altro con una faccia cosí cattiva che in qualsiasi parte del corpo uno lo toccava, pareva che dovesse farsi male. Strascinava i passi, come un bocchissiere un po' groncio e invece, in quella camminata cascante, si vedeva ch'era pronto e svelto peggio d'una bestia ».[50] Quest'ultimo brano è particolarmente interessante, perché vi si può scorgere il modo con cui Pier Paolo Pasolini tratta questa materia da documentario, per trarne effetti espressionistici, cioè coloriture d'arte e psicologiche: l'ultima osservazione (« si vedeva che era pronto », ecc.)

[45] Ivi, p. 21.
[46] Ivi, p. 80.
[47] Ivi, p. 149.
[48] Ivi, p. 207 (ma qui è da vedere tutto il brano sul padre di Alduccio ubriaco).
[49] Ivi, p. 91.
[50] Ivi, p. 92.

si giustifica, infatti, soltanto se la si riferisce alla particolare angolatura visuale del poeta. Ma questo « uso » d'arte del documento, che qui appare legittimo per il rapporto raggiunto tra la descrizione del personaggio-bravaccio e l'impressione metaforica psicologicamente dotta da essa provocata, è il piú delle volte risolto in stridenti contraddizioni o in sorprendenti ingenuità. [...]

Su questa trama stilistica e narrativa ancora incerta ed immatura, la vicenda dei ragazzi di vita non riesce ad assumere lo spicco umano, che Pasolini intendeva ricavarne. L'aspetto cronistico resta troppo evidente e, nello stesso tempo, troppo circoscritto, per consentire al lettore di saltare in quella dimensione di verità generale, cui lo scrittore ambiziosamente aspirava. Tuttavia, proprio in questo campo — nel campo dei dati essenziali, dei documenti — Pasolini raggiunge i risultati migliori. Quando riesce a spogliarsi della sua ideologia, sia sul versante mistico-decadente, sia su quello storico-progressista, egli fornisce della realtà immagini limitate ma convincenti. E per quanto ciò possa risultare lontano dai suoi piú cari proponimenti, non v'è dubbio a nostro parere che la riuscita dei ragazzi di vita come personaggi è affidata soprattutto alla temporanea assenza di un tentativo di trasfigurazione idealizzante: sí che essi risultano *almeno* veri tutte le volte che sono, nel senso piú limitativo dell'espressione, quel che sono, mentre appaiono falsi e velleitari tutte le volte che lo scrittore li carica delle sue proprie riposte intenzioni. Va detto a questo proposito, a scanso di un facile equivoco, che la verità di cui si parla è, innanzi tutto, proprio una verità di ordine sociologico.

Ci ricolleghiamo a quanto è stato già detto sul lavoro di documentazione scientifica operato da Pasolini intorno a usi, costumi, ambiente e linguaggio del sottoproletariato di borgata. Se c'è un appunto che a Pasolini non si può fare, è di aver « inventato » personaggi e ambienti. Sulla verisimiglianza sociologica della sua narrazione, niente da dire. E quanto piú lo scrittore si mantiene fedele a questa sua qualità, tanto piú il suo risultato appare almeno genuino (abbiamo detto, e ripetiamo: *almeno*, perché sia chiaro che questa scrupolosità sociologica non è di per sé sinonimo di risultato poetico). Sul trinomio-base della vita sottoproletaria: fame, sesso e danaro, Pasolini impianta le sue pagine piú rigorose. [...]

Quando Pasolini segue fedelmente il tracciato di questa vitalità elementare, anche la narrazione nel suo complesso assume un ritmo, una naturalezza tutt'altro che esteriori: come nel capitolo *Dentro Roma*, nel quale le avventure di Alduccio e del Begalone intorno alle poche centinaia di lire da rimediare per poter mangiare qualcosa e andare **al casino** sono svolte con rapidità e ferocia non consuete a Pasolini (sebbene il ritorno nostalgico del Riccetto alla borgata dove aveva trascorso l'infanzia rompa inopportunamente lo sviluppo coerente del quadro).

Meno felice è Pasolini quando filosofeggia; meno meno felice ancora quando si lascia vincere dalla commozione e inventa le storie strappalagrime dei ragazzi di vita che muoiono nel crollo delle loro case, dei bambini infelici travolti dalla corrente del fiume, oppure dei giovanottelli violenti ed insensibili, che si lasciano impietosire dalla sorte di una rondinella. [...]

Sappiamo che questo tipo di sentimentalismo è un attributo effettivo dell'« anima popolare ». Ciò che non siamo disposti a concedere è la ammissione che il melodramma, perché si svolge a Borgata Gordiani o al Quarticciolo, sia meno insignificante e meno falso, ai fini di un ipotetico tentativo di conoscenza della realtà contemporanea. Questo è, se mai, l'elemento che salda *oggettivamente* un certo costume sottoproletario (o popolare) al costume piccolo-borghese. Il fatto che Pasolini lo rifletta con simpatia come il « positivo » di questo mondo, significa soltanto ch'egli non si rende conto di quanto i suoi « ragazzi di vita » siano integrati al mondo borghese da lui apparentemente tanto odiato. La crudeltà è perciò perfettamente bilanciata dal sentimentalismo. L'aggressione al « mondo » ne risulta assai indebolita.

L'insanabile disperazione (Gian Carlo Ferretti)[51]

Ma veniamo a *Ragazzi di vita*, un'opera tra le piú discusse, al suo apparire e dopo, dalla critica. Pasolini vi

[51] Gian Carlo Ferretti, da *Letteratura e ideologia*, Roma, Editori Riuniti, 1964; pp. 219-221, 239, 244-245, 247.

racconta le vicende di un gruppo di ragazzi (il Riccetto e i suoi amici) che consumano la loro vita nel torbido inferno della periferia romana, dagli ultimi giorni della seconda guerra mondiale all'inizio degli anni cinquanta. Lo scrittore rappresenta un giovane sottoproletariato sempre eguale a se stesso, che porta avanti un'esistenza immutabile nella sua violenza anarchica, nella sua spontaneità sfrenata, nel suo assoluto isolamento dalla società. Gli abbrutimenti fisici e morali, le cattiverie e le generosità improvvise, i berci e le povere spavalderie, le bravate inutili e gli intenerimenti istintivi, sono i connotati piú evidenti di questo mondo allegro e tragico, spensierato e miserabile, patetico e crudele, leggero e feroce. Un mondo che sembra gridare con la sua esistenza tutta spontaneità e istinti, con il suo gergo ristretto (di borgata o addirittura di gruppo) non contaminato dalla lingua borghese della *koinè*, il suo spavaldo distacco dalla società. Chiuso nel tragico squallore delle sue borgate affamate e viziose, esso trova come unica via di liberazione quella spensieratezza assoluta, quella sublime amoralità. [...]

Si direbbe insomma che lo scrittore, respingendo sostanzialmente come « borghese » la società italiana contemporanea, vedendo il socialismo solo come prefigurazione di una civiltà futura, e quindi non rintracciando nelle forze politiche e ideali che ha di fronte delle possibilità concretamente e autenticamente rivoluzionarie, finisca per vedere questo sottoproletariato giovane e violento, istintivo e allegro, come la sola vera « certezza [...] d'imminente riscossa »,[52] come la sola forza che abbia mantenuta intatta dal mondo borghese la sua carica naturale di rivolta. Tutto il suo discorso critico e la sua opera letteraria di questi anni autorizzano una tale interpretazione. Ecco allora che, se per un verso egli identifica la « libertà stilistica », la « lingua eletta e squisita », con la borghesia reazionaria e conservatrice, analogamente stabilisce una rigida interdipendenza tra il gergo delle borgate sottoproletarie e l'espressione embrionale di un mondo nuovo nascente (e perciò identifica la diretta « mimesi » con il possesso sociologico-linguistico di esso); tanto esausta, sner-

⁵² P. P. Pasolini, *Il canto popolare*, in *Le ceneri di Gramsci*, cit., pp. 23-4.

vata, quella tradizione di lingua « centralizzata » e « assoluta », quanto « vivo », vergine, violento, questo « parlato » dialettale degli strati popolari piú « bassi », avulso e incontaminato dalla *koinè*.

Ecco allora che il discorso sulle possibili alternative di Pasolini, fatto a proposito dei saggi, si vien completando. Ad uno scrittore borghese che si sente chiuso tra una civiltà tradizionale ideologicamente e linguisticamente impotente, ed una nuova civiltà ancora lontana, e che sente altresí « agire dentro di sé » la crisi della propria formazione culturale e ideale, restano aperte due strade: da un lato (come si è detto) la penetrazione del proprio dramma in ogni piega, l'eterna e lucida « verifica » come unica forma di « azione » concessa all'intellettuale che non sa scegliere; dall'altro, il possesso sociologico-linguistico di un mondo popolare completamente isolato e incontaminato dalla civiltà contemporanea.

Lo « schema » empirico da cui Pasolini prende le mosse esaspera cosí il suo settarismo di fondo e rivela al tempo stesso un nesso assai stretto con tutta una serie di motivi irrazionali, istintivi, emotivi, che tendono sempre piú a prevalere ed a risolversi nel mito di un « popolo » spogliato di ogni elemento storico, e proteso ad esaurire la sua carica di rivolta nel bercio gergale continuato. E tuttavia già si avverte come questo nesso non abbia chiuso del tutto i suoi conti con la società e con la storia, e ne sia per piú versi condizionato. [...]

Questo discorso sugli equivoci e sui momenti di lucida consapevolezza trova esempi nella stessa articolazione interna del mito pasoliniano. Anche qui, come nel *Sogno di una cosa*, seguiamo il trapasso dall'infanzia felicemente inconsapevole, all'adolescenza bella e violenta che deve difendersi dall'insidia della maturità, alla maturità dolorosa e irrimediabilmente infelice. Ma quello che nel *Sogno di una cosa* era (almeno formalmente) lo sviluppo di un romanzo, qui diventa *leit-motiv* perenne, ossessivo, di un ciclo biologico eternamente rinnovantesi. C'è un passo che riassume perfettamente i tre momenti. Genesio e i suoi fratellini se ne tornano a casa, trotterellando come « cuccioletti »:

« Il Pugliese aveva appena menato la moglie, e se ne stava seduto sullo scalino di casa con il viso chiazzato di san-

gue e gli occhi biechi e lucidi come quelli di un cane. I
tre ragazzini che avevano smicciato il padre da lontano, si
erano mantenuti alle larghe [...] in attesa della tragedia.
Il Riccetto invece entrò nell'orto, tutto tranquillo e ben di-
sposto, si tolse il pettinino dalla tasca di dietro dei calzoni, lo bagnò sotto la fontanella e cominciò a pettinarsi, bello come Cleopatra ».[53]

Ecco allora gli intenerimenti patetico-viscerali, intrisi di
compassione evangelico-populista, per la purezza che si
cela sotto gli stracci e la « zozzeria » dei fanciulli, povere
bestiole indifese in un mondo di belve. Li vediamo « trot-
terellare » come « cuccioletti »,[54] « cinguettare » come
« fringuellini » o andarsene allegri come « rondinini »[55] povere « creature secche come gattini ».[56] Ed ecco la con-
templazione compiaciuta delle belve adolescenti, che difen-
dono quel nucleo di intatta purezza con un'allegra ferocia e una spavalda bellezza (il Riccetto « bello come Cleopatra », Alduccio « con la sua bella faccia sformata da un
ghigno di ironia »,[57] ecc.). I loro *sentimenti*, infatti, i soli
stati d'animo che non rifluiscano nel bercio cinico e sprez-
zante, sono i ricordi dell'infanzia felice, il ritorno sui luoghi dei giochi spensierati, l'intenerimento sulla propria de-
bolezza di allora, la magnanima protezione dei piccoli.
[...]

In realtà, se c'è in questo brano dell'opera pasoliniana
un accenno di « riscatto » morale, esso non va cercato nel-
l'intenerimento patetico-viscerale o nel sacrificio dell'innocente, che rientrano in quello stesso mondo « naturale »,
ma va cercato in ciò che tende a superarlo, in ciò che
rende Genesio diverso sia dai fanciulli « cagnoletti » sia
dai « malandrini » come il Riccetto; sia dalle bestiole sia
dalle belve. (Ne avremo una conferma in *Una vita violenta*.)

Se rileggiamo infatti certi passi, notiamo in Genesio un
atteggiamento silenzioso, pensoso e serio che lo stacca net-
tamente dal « coretto » dei « pischelli ». Eccolo insieme ai
fratellini sulle rive dell'Aniene:

[53] P. P. Pasolini, *Ragazzi di vita*, p. 188.
[54] *Ivi*, pp. 53, 120 e 186.
[55] *Ivi*, pp. 123-4 e 274.
[56] *Ivi*, p. 119.
[57] *Ivi*, p. 212.

« I due piú piccoletti ridevano divertendosi anche cosí, il piú grande allumava in silenzio; poi cominciò piano piano a svestirsi. Gli altri due fecero come lui, e ammucchiarono tutti insieme i panni: il piú piccolo li tenne sotto il braccio, mentre gli altri scendevano giú. Lui però se ne stava ammusolito. "A Genè", gridava, "e io nun me lo faccio er bagno?". "Dopo", gli rispose a voce bassa Genesio ».[58]

Eccolo ancora muoversi « in silenzio »[59] « con la faccia scura »[60] « accigliato »:[61]

« [...] sempre combattuto [...] dalle emozioni e dagli affetti, nascondeva tutto dentro di sé, e parlava meno che poteva per non scoprirsi ».[62]

Pasolini sembra volerlo dotare di una certa interiorità morale, di un rancore virile, e farne un piccolo uomo cresciuto troppo in fretta. La sua fuga da casa con i fratellini, la decisione di uccidere il padre,[63] le sue preoccupazioni per la madre rimasta sola a casa,[64] il suo fatale tentativo di cimentarsi col fiume quasi per sentirsi piú forte e piú uomo, prima di affrontare i problemi che lo aspettano (oltre alla situazione familiare, l'accusa ingiusta di aver torturato un ragazzino), hanno un accento particolare. Egli d'altra parte è il solo personaggio che risenta di un retroterra familiare e ne partecipi: il padre muratore di Andria e la madre marchigiana che « teneva ancora alla buona educazione dei figli »[65] riescono sia pure vagamente a delinearsi al di fuori dell'anonimato. Pasolini insomma sembra sforzarsi di recuperare quanto può di substrato sociale ed umano dall'esistenza di Genesio, con certe impuntature di cupo rancore, di pensosa amarezza, di risentita solitudine, che talora accennano a superare i suoi contorni di piccolo martire dell'innocenza, di « cagnoletto » indifeso.

Genesio diventa cosí il *pendant* eguale e contrario di Amerigo. Come infatti Amerigo esprime una ribellione di-

[58] *Ivi*, p. 174.
[59] *Ivi*, p. 177.
[60] *Ivi*, p. 185.
[61] *Ivi*, p. 256.
[62] *Ibid.*
[63] *Ivi*, p. 261.
[64] *Ivi*, p. 276.
[65] *Ivi*, p. 259.

sperata nella sua solitudine e nella sua ferocia, tanto piú
feroce quanto piú solitaria, portata fino al suicidio come
estremo grido di odio contro la società; cosí Genesio rappresenta la tragedia di un'infanzia già segnata dall'esperienza del mondo ma non ancora corazzata contro di esso, che cade al primo tentativo di dimostrare a se stessa
la forza che non ha.

In generale poi Pasolini svela continuamente, sotto quel-
l'isolamento orgoglioso e indifferente dei « ragazzi di vita », sotto la sfida della « caciara » e del bercio, la cupa
solitudine e l'insanabile disperazione di un mondo popolare abbandonato al suo inferno. [...]

Che anche qui Pasolini risenta di un limite tipicamente
naturalistico, che lo porta a considerare l'essere adulto e
l'essere borghese come una stessa mostruosa tabe defor-
mante, non c'è dubbio; ma non si può trascurare il preci-
sarsi del suo obiettivo. Anche in certe pagine sui padri e
sulle madri abbrutite (il Pugliese o la madre di Alduccio)
Pasolini cerca talora di cogliere i tratti dell'uomo ormai
inserito nella logica infernale di una società che lo riduce
a proliferare e ad ubriacarsi bestialmente. Ma si veda soprattutto questo ritratto del padre di Alduccio, dove la
deformazione crudele e compiaciuta cede qua e là alla im-
pietosa immagine di un mondo popolare perduto nel suo
inferno:

« Il vino che aveva bevuto per l'intero dopopranzo l'a-
veva fatto diventare bianco come un lenzuolo e gli aveva
come intostato le tre dita di pellaccia rasposa di barba intorno alle froce del naso e agli angoli della bocca, scura
umida e rugosa come quella dei cani. [...] La lampada ac-
cesa che pendeva sopra il letto gli illuminava a una a una
sulla faccia le macchiette color cacao della vecchia zella
miste con le recenti crostine di polvere e di sudore sotto
la fronte; mentre la ragnatela delle rughe gli si spostava
su e giú per conto suo sopra la pelle, tirata e imbolsita dal
vino, gialla per chissà quali vecchie malattie di quel fega-
taccio insaccato dentro le sue quattr'ossa coperte di panni
vecchi. E qua e là si vedevano le ombre delle ammacca-
ture, color marrone nel centro e con intorno una coronci-
na di lenticchie, ch'erano botte prese forse quand'era ragazzino, o in gioventú, quando faceva il soldato o il manovale, cent'anni prima. E tutto come fuso dal grigiore del

digiuno e del vino, piú quello dei ciuffi della barba di quattro giorni ».[66]

È comune, del resto, a tutti questi brani, lo sforzo di presentare la degenerazione fisica e morale degli adulti sottoproletari come un riflesso della società borghese, corrotta e corruttrice, che li circonda; gli uni e gli altri (quelli del *centro* e quelli della *periferia*) recano spesso le stesse tracce di vizio, di abiezione e di falso decoro.

Quale significato ha perciò *Ragazzi di vita* nel *curriculum* pasoliniano? Opera irta di equivoci e di ritardi, caratterizzata da un ritorno prepotente di visceralismo, essa partecipa altresí di un dissidio nuovo, dal quale uscirà un nuovo poeta.

[66] *Ivi*, pp. 207-8.

III

ESERCITAZIONI

Onde fornire suggerimenti per una pratica verifica delle acquisizioni dei lettori di *Ragazzi di vita*, ci sia permesso suggerire alcune esemplificanti esercitazioni.

Non meravigli che alla fine di un saggio, cosiddetto critico, si inviti chi ha parallelamente fruito, e dell'opera dell'autore-scrittore, e del giudizio che ne hanno dato i vari commentatori nel tempo e in questa stessa occasione, a tentare di avviare una propria analisi testuale.

Lo spirito della collana vuol giustamente arrivare a stimolare nei lettori, piú o meno occasionali, la critica personale, traendo spunto da quanto è stato detto sull'opera in sé e sulla operazione letteraria specificamente isolata nei suoi valori di forma e di contenuto o, meglio ancora, di struttura.

1. *Indicare alcuni casi in cui per spiegare l'atteggiamento interiore dei personaggi viene usato un aggettivo (piú raramente un avverbio), specie accanto alle battute del dialogo. Sceglierne alcuni di provenienza culturale, cioè appartenenti al codice culturale dell'autore, e perciò in stridente contrasto col comportamento del personaggio in questione (es.: « il Riccetto rise filosofico »).*

2. *Per chiarire l'uso del dialetto da parte di Pasolini, fare alcuni esempi di interiezioni tratte dai dialoghi, che quasi sempre rimangono appunto circoscritti alla frase gridata, al bercio e all'insulto. Sottolineare le creazioni linguisticamente piú originali nel senso della fantasia popolare.*

3. *Reperire, nelle parti « dinamiche » della narrazione (cioè i brani che descrivono l'azione), e negli inserti di epica popolare, gli elementi di lessico dialettale che vengono inseriti sull'impianto linguistico normale.*

4. *Al contrario, nelle parti « statiche » (cioè i brani che descrivono i luoghi), cercare gli elementi lessicali di tipo « alto », che Pasolini recupera da tutta una tradizione poetica e culturale. Ove sia possibile, sottolineare in questi stessi brani come le parole si dispongano secondo l'armonia fonica, e quasi seguendo delle leggi metriche.*

5. *Indicare esempi di metafore e di similitudini che servono a dare maggiore pregnanza simbolica alle descrizioni attraverso la lontananza semantica del secondo termine di paragone.*

6. *Differenziare i due diversi tipi di paragoni con gli animali. Il primo è usato nei confronti degli adulti e dei giovani in funzione soprattutto caricaturale, ora bonaria e scherzosa, ora grottesca e crudele. Il secondo (che si rifà alla tradizione pascoliana) è rivolto ai bambini piú piccoli e indifesi, con funzione affettuosa e patetica.*

7. *Reperire i casi in cui l'autore riferisce i racconti dei personaggi mediante il discorso indiretto libero.*

8. *La costruzione sintattica di solito adoperata è la paratassi: tuttavia è possibile rinvenire, specialmente nelle descrizioni, esempi di ipotassi, con aumento delle subordinate. Scegliere gli esempi di costruzione sintattica piú complessa.*

9. *Il linguaggio di* Ragazzi di vita *vuole essere provocatorio e/o suggestivo nei confronti del lettore: indicare i passi in cui l'« espressività » raggiunge la piú alta tensione, e il linguaggio riesce a comunicare per intero tutta la sua carica eversiva.*

IV

NOTA BIBLIOGRAFICA

I. OPERE DI PIER PAOLO PASOLINI

OPERE DI NARRATIVA, POESIA E TEATRO

Poesie a Casarsa, Bologna, Libreria Antiquaria, 1942.
La meglio gioventú, Firenze, Sansoni, 1954.
Ragazzi di vita, Milano, Garzanti, 1955.
Le ceneri di Gramsci, Milano, Garzanti, 1957.
L'usignolo della Chiesa cattolica, Milano, Garzanti, 1958.
Una vita violenta, Milano, Garzanti, 1959.
La religione del mio tempo, Milano, Garzanti, 1961.
Il sogno di una cosa, Milano, Garzanti, 1962.
Poesia in forma di rosa, Milano, Garzanti, 1964.
Alí dagli occhi azzurri, Milano, Garzanti, 1965.
Teorema, Milano, Garzanti, 1968.
Poesie (antologia), Milano, Garzanti, 1970.
Trasumanar e organizzar, Milano, Garzanti, 1971.
Calderòn, Milano, Garzanti, 1973.
La divina Mimesis, Torino, Einaudi, 1975.
La nuova gioventú, Torino, Einaudi, 1975.
Affabulazione. Pilade, Milano, Garzanti, 1977.
Amado mio, Milano, Garzanti, 1982.

SCENEGGIATURE CINEMATOGRAFICHE

Accattone, Roma, F.M., 1961.
Mamma Roma, Milano, Rizzoli, 1962.
Il Vangelo secondo Matteo, Milano, Garzanti, 1964.
Uccellacci uccellini, Milano, Garzanti, 1965.
Edipo re, Milano, Garzanti, 1967.
Medea, Milano, Garzanti, 1970.
Trilogia della vita, Bologna, Cappelli, 1975.
Il padre selvaggio, Torino, Einaudi, 1975.
San Paolo, Torino, Einaudi, 1979.

OPERE SAGGISTICHE

Passione e ideologia, Milano, Garzanti, 1960.

Empirismo eretico, Milano, Garzanti, 1972.
Scritti corsari, Milano, Garzanti, 1975.
Lettere luterane, Torino, Einaudi, 1976.
Le belle bandiere, Roma, Editori Riuniti, 1977.
Il caos, Roma, Editori Riuniti, 1979.

II. BIBLIOGRAFIA DELLA CRITICA SU « Ragazzi di vita »

ANZOINO T., *Pasolini,* Firenze, La Nuova Italia, 1971, pp. 39-44.
ASOR ROSA A., *Scrittori e popolo,* Roma, Samonà e Savelli, 1964, pp. 510-520.
BANTI A., *Pasolini,* in « Paragone-letteratura » n. 66, giugno 1955.
BARILLI R., *La barriera del naturalismo,* Milano, Mursia, 1964.
BARTOLUCCI G., *Ragazzi di vita,* in « Avanti! », 20 luglio 1955.
BO C., recensione in « L'Europeo », 19 giugno 1955.
BOCELLI A., *Il fenomeno Pasolini,* in « Il Mondo », 11 ottobre 1955.
CAJUMI A., *Storie di ladri,* in « La Stampa », 2 luglio 1955.
CATTANEO G., recensione in « Il Resto del Carlino », 3 luglio 1955.
CECCHI E., *Romanzi e novelle,* in « Corriere della Sera », 28 giugno 1955.
DALLAMANO P., *Ragazzi in romanesco,* in « Paese Sera », 10 giugno 1955.
DAL SASSO R., *Un anno di letteratura,* in « Rinascita », luglio-agosto 1955.
DEL BUONO O., recensione in « Cinema Nuovo », 10 luglio 1955.
DE NARDIS L., *Roma di Belli e di Pasolini,* Roma, Bulzoni, 1977.
DE NARDIS L., *Sulla prima redazione inedita di « Ragazzi di vita » e di « Una vita violenta »,* in *Saggi di filologia affettiva,* Napoli, ESI, 1985, pp. 217-232.
DE ROBERTIS G., *Ragazzi di vita* (1955), in *Altro Novecento,* Firenze, Le Monnier, 1962, pp. 553-556.
FERRETTI G.C., *Letteratura e ideologia,* Roma, Editori Riuniti, 1964, pp. 215-250.
FIORE T., recensione in « Il Paese », 22 luglio 1955.
FORTINI F., *Tre narratori,* in « Comunità », giugno 1955.
GRAMIGNA G., recensione in « Corriere d'informazione », 15 giugno 1955.
GUGLIELMI A., *Pasolini maestro di vita,* in « Il Verri » n. 3, giugno 1960; poi in *Vero e falso,* Milano, Feltrinelli, 1968.
LOMBARDI O., *Narratori neorealisti,* Pisa, Nistri-Lischi, 1957, pp. 87-88.
LUTI G., recensione in « Itinerari », ottobre 1955.
MANACORDA G., appendice a *I narratori* di L. RUSSO, Messina, Principato, 1958, pp. 460-2.
MANACORDA G., *Storia della letteratura italiana contemporanea,* Roma, Editori Riuniti, 1967, pp. 259-260.
MANACORDA G., *Espressioni proverbiali romanesche in « Ragazzi di vita » e « Una vita violenta »,* in « Galleria » n. 1-4, gennaio-agosto 1985, pp. 31-37.
MANNINO V., *Invito alla lettura di Pasolini,* Milano, Mursia, 1974, pp. 63-68.

MARIANI G., *La giovane narrativa italiana tra documento e poesia*, Firenze, Le Monnier, 1962, pp. 141, 154 e 159.

MARTELLINI L., *Pier Paolo Pasolini*, Firenze, Le Monnier, 1983, pp. 80-89.

MAZZOCCHI ALEMANNI M., *Pier Paolo Pasolini e il linguaggio narrativo*, in « Il Ponte » n. 1, gennaio 1956.

MELE A., recensione in « Il Paese », 3 novembre 1955.

MUZZIOLI F., *Elementi sperimentali e conservazione delle strutture in Pasolini*, in « Rapporti » n. 24-25, gennaio-giugno 1982, pp. 28-40.

PAOLINI A., recensione in « Situazione », giugno 1955.

PAUTASSO S., recensione in « Questioni », marzo-aprile 1955.

PUCCI P., *Lingua e dialetto in Pasolini e Gadda*, in « Società » n. 2, marzo 1958.

PULLINI G., *Il romanzo italiano del dopoguerra*, Milano, Schwarz, 1961, pp. 398-402.

RINALDI R., *Pier Paolo Pasolini*, Milano, Mursia, 1982, pp. 151-169.

SALINARI C., *La questione del realismo*, Firenze, Parenti, 1960, pp. 57-62; poi in *Preludio e fine del realismo in Italia*, Napoli, Morano, 1967, pp. 55-59.

SANTATO G., *Pier Paolo Pasolini. L'opera*, Vicenza, Neri Pozza, 1980, pp. 199-209.

SCALIA G., *Critica, letteratura e ideologia*, Padova, Marsilio, 1968, pp. 232-235.

SERONI A., *Ragazzi di vita*, in *Leggere e sperimentare*, Firenze, Parenti, 1957.

SICILIANO E., *Pier Paolo Pasolini*, in *I contemporanei* vol. III, Milano, Marzorati, 1969, pp. 885-887.

TITTA ROSA G., recensione in « L'Osservatore politico-letterario », luglio 1955.

TROMBATORE G., recensione in « L'Unità », 11 agosto 1955.

VARESE C., *Pier Paolo Pasolini* (1956) in *Occasioni e valori della letteratura contemporanea*, Bologna, Cappelli, 1967, pp. 437-439.

VIGORELLI G., recensione in « La Fiera letteraria », 10 luglio 1955.

VIRDIA F., recensione in « La Voce repubblicana », 3 luglio 1955.

VITTORINI E., *Diario in pubblico*, Milano, Bompiani, 1957, p. 25.

INDICE DEI NOMI

INDICE GENERALE

STAMPATO
PER CONTO DI U. MURSIA EDITORE S.P.A.
DA « L.V.G. »
AZZATE (VARESE)